DR. MED. MIRRIAM PRIESS

Resilienz

GOLDMANN

Buch

Einfach, verständlich und gleichzeitig fundiert zeigt Dr. Mirriam Prieß anhand eines in der Praxis entwickelten Modells einen klaren Weg zu mehr innerer Stärke auf. Sie erklärt, welche Einstellungen und Mechanismen uns unbemerkt Kraft rauben und wie wir uns von diesen Fesseln befreien können. Dabei wird deutlich, dass unser größter Fehler darin begründet liegt, die Kraft nicht aus uns selbst schöpfen zu können. Nur wer authentisch ist, wird zu seiner vollen Stärke finden. Dr. Prieß zeigt: Jeder kann psychische Widerstandskraft erlangen, wenn er einige wenige Grundsätze verinnerlicht. Resilienz – die alles entscheidende Schlüsselkompetenz für ein starkes Ich, Erfolg im Job und ein erfülltes Privatleben.

Autorin

Dr. med. Mirriam Prieß hat an der Universität Hamburg Medizin mit anschließender Promotion im Fachbereich Psychosomatik studiert. Sie war als Ärztin acht Jahre in einer psychosomatischen Fachklinik tätig und unter anderem für die Behandlungsschwerpunkte Ängste, Depressionen und Burn-out verantwortlich. Seit 2005 beratende Tätigkeit in der Wirtschaft (eon, Porsche, Ernst & Young) mit Einzelcoaching von Führungskräften im Bereich Konflikt- und Stressmanagement.

Außerdem von Dr. Mirriam Prieß im Programm
Burn-out kommt nicht nur von Stress
Raus aus der Selbstblockade

Dr. med. Mirriam Prieß

Resilienz

So entwickeln Sie Widerstandskraft und innere Stärke

GOLDMANN

MIX
Papier | Fördert gute Waldnutzung
FSC® C014496

Penguin Random House Verlagsgruppe FSC® N001967

7. Auflage
Vollständige Taschenbuchausgabe September 2019

produktsicherheit@penguinrandomhouse.de
(Vorstehende Angaben sind zugleich
Pflichtinformationen nach GPSR.)

Umschlag: Uno Werbeagentur, München
Umschlagmotiv: FinePic®, München
Redaktion: Alice Huth
Satz: Satzwerk Huber, Germering
Druck und Bindung: GGP Media GmbH, Pößneck
Printed in Germany
CH/TJ · Herstellung: IH
ISBN 978-3-442-17822-3

www.goldmann-verlag.de

Inhalt

Einleitung

Was unterscheidet starke Menschen von schwachen Menschen?

Stellen Sie sich einmal vor, Ihr Mitbewohner oder Partner hätte einen strengen Käse gekauft, dessen Geruch Ihnen unerträglich wäre. Was würden Sie tun? Das Problem ansprechen – oder es vielleicht lieber einfach verschwinden lassen?

Sie könnten den Käse im Küchenschrank verstecken – er wäre aus Ihrem Blickfeld verschwunden, und Sie hätten für eine gewisse Zeit Ruhe. Möglicherweise würden Sie ihn sogar vergessen – irgendwann jedoch würde sein Gestank Sie einholen.

Haben Sie schon einmal versucht, nicht an den Mond zu denken? Eigentlich ist es ganz einfach. Versuchen Sie es doch einmal. Denken Sie jetzt bitte nicht an den Mond. Und? Woran haben Sie gedacht?

Kennen Sie diese Art von Träumen, in denen Sie mit aller Gewalt versuchen, eine Tür zu schließen und zuzuhalten, während auf der anderen Seite versucht wird, die Tür zu öffnen? Und erinnern Sie sich an das Gefühl, das diesen Traum begleitet?

Versuchen Sie es doch einmal im Wachzustand: Versuchen Sie, eine halb geöffnete Tür zuzuhalten, während jemand auf der anderen Seite versucht, diese zu öffnen. Was fällt Ihnen auf? Genau, je länger Sie gegenhalten, umso mehr verlieren Sie an Kraft.

Nun werden Sie sich sicherlich fragen, was ein stinkender Käse, der Mond und das vergebliche Zuhalten von Türen mit Resilienz zu tun hat.

Menschen mit geringer Resilienz verstecken den Käse im Schrank, kaufen sich Raumparfum und tun so, als wäre der Käse nicht da. Sie handeln erst dann, wenn der Käse so verschimmelt ist, dass sein Gestank sich nicht mehr überdecken lässt.

Resiliente Menschen überlegen, wie sich das Problem mit dem Käse und den unterschiedlichen Geschmäckern lösen lässt. So lange, bis sie eine Lösung gefunden haben.

Menschen, denen es an psychischer Widerstandskraft fehlt, denken die ganze Zeit an das, was nicht wollen, und kommen davon nicht los. Sie verschwenden ihre gesamte Energie im Kampf und Widerstand – so lange, bis das, was sie bekämpft haben, über sie hereinbricht, sie keine Kraft mehr haben, es zu bewältigen, und sie sich darin verlieren.

Resiliente Menschen hingegen konzentrieren sich auf das, was sie wollen. Sie kämpfen niemals gegen das an, was ist. Im Gegenteil, sie öffnen die Tür, selbst für das, was noch so schmerzhaft erscheint, und begegnen diesem auf Augenhöhe.

In diesem Buch werden Sie keine theoretische Abhandlung über Resilienz finden. Sie werden auch keine wissenschaftlichen Studien oder Statistiken finden. Sie werden aus dem Leben hören, denn dieses Buch ist aus der Praxis entstanden. Es ist geschrieben auf der Grundlage jahrelanger therapeutischer Praxis und Beratungserfahrung als Ärztin und Unternehmensberaterin.

Aus der Arbeit mit Menschen, Einzelpersonen und Teams, die sich immer weiter in einer Krise verloren haben und denen es an Kraft fehlte, dem Leben und seinen Herausforderungen auf Augenhöhe zu begegnen. Die sich, ohne es zu merken, immer mehr erschöpft haben, weil es ihnen an entscheidenden Stellen an psychischer Widerstandskraft gefehlt hat. Menschen, denen es nicht gelang, Belastungen zu meistern und private oder berufliche Durststrecken so zu überwinden, dass sie am Ende gestärkt daraus hervorgingen, so wie es diejenigen tun, die über Resilienz verfügen. Menschen jeder Altersklasse, in unterschiedlichen familiären und beruflichen Situationen, die aufgrund psychischer Erschöpfung in die Beratung kamen, weil sie, wie viele andere, dem Irrtum unterlagen, Widerstandsfähigkeit entstehe durch Widerstand, und die sich im vergeblichen Kampf gegen das, was sie nicht wollten, erschöpften. Die immer mehr an psychischer Stärke verloren, weil sie nicht bereit waren, an der richtigen Stelle Ja und an der richtigen Stelle Nein zu sagen, so lange, bis sie nur noch ein Schatten ihrer selbst waren.

Das Thema Resilienz nimmt längst nicht mehr nur bei Einzelpersonen einen immer größeren Stellenwert ein – auch Unternehmen erkennen die Bedeutung von psychischer Widerstandskraft im Zusammenhang mit Gesundheit, Erfolg und Zielerreichung.

Meiner Erfahrung nach ist jeder Mensch fähig, psychische Widerstandskraft zu erlangen oder wiederzuerlangen, wenn er einige wenige Grundsätze annimmt und verinnerlicht.

Dieses Buch zeigt allen, die es möchten, einen möglichen Weg auf, um zu der eigenen inneren Stärke zu finden, die jeder von uns in sich trägt, die jedoch aus unterschiedlichen Gründen meist bei vielen verschüttet ist. Welche diese sind und wie man sie lösen kann, darauf soll im Folgenden eingegangen werden. Sie werden entscheidende Mechanismen kennenlernen, die uns daran hindern, stark zu werden, und aus denen wir ausbrechen müssen, wenn wir zu unserer vollen psychischen Kraft finden wollen. Vor allem aber werden Sie ein Grundprinzip kennenlernen, mit dem Sie, wenn Sie es einhalten, entscheidend an Stärke gewinnen.

Resilienz ist keine Frage von Verhalten

Viele Menschen unterliegen dem Irrtum, Resilienz sei durch reines Verhaltenstraining zu erreichen. Psychische Widerstandskraft ist keine Verhaltensweise, sie ist etwas Substanzielles. Psychisch stark zu werden heißt nicht, an seinem Verhalten zu arbeiten, sondern an seiner Haltung. Einer Haltung dem Leben, den Menschen und sich selbst gegenüber.

Ich möchte Ihnen in diesem Buch zeigen, was dies konkret bedeutet, und Ihnen ein neues Verständnis von Gesundheit vermitteln. Ich möchte Ihnen zeigen, dass es eigentlich nicht viel braucht, um gesund und leistungsstark zu sein – und warum es vielen Menschen so schwerfällt, dieses wenige zu leben.

Gesundes Leben findet nicht an der Oberfläche statt

Erinnern Sie sich noch an die Momente in Ihrem Leben, in denen Sie das Gefühl hatten: Ja, das ist es. Das ist richtig! Momente der inneren Wahrheit, in denen Sie wussten, dass das, was war, richtig war? Und erinnern Sie sich, wie Sie sich in diesen Momenten gefühlt haben?

Menschen, die aufgrund geringer Resilienz zu mir in die Beratung kamen, kannten diese Momente nicht mehr. Sie haben vergessen, wie es sich anfühlt, man selbst zu sein – oder sie waren nicht mutig genug, das, was sie fühlten, auch zu leben.

Wenn Sie psychisch stark werden wollen, dann sollte Ihnen Folgendes bewusst sein:

Resilienz entsteht überall dort, wo Begegnung mit der Wahrheit ist. Wo ein Dialog herrscht und wo dem, was ist, auf Augenhöhe begegnet wird. Resilienz ist die Fähigkeit, zu sich und zu dem, was ist, zu stehen.

Sie geht dort verloren, wo Begegnung und Authentizität fehlen. Wo Realitäten ignoriert, wo das, was ist, missachtet wird.

Jeder Mensch kann »resilient« werden – wenn er sich auf den Weg zu sich selbst macht und ein authentisches Leben beginnt. Dieses Buch soll Ihnen helfen, zu Ihrer Substanz zu finden, um selbst dem stärksten Sturm standhalten zu können. Es soll Ihnen keine neue Verhaltensweise vermitteln, sondern Ihnen helfen, zu einer neuen Haltung zu finden. Einer Haltung, die Sie durch Ihr Leben trägt und Ihnen hilft, einen festen Stand zu entwickeln – eine Haltung, die nichts anderes ist als Ausdruck von dem, was Sie wollen und wer Sie sind.

Wenn Menschen zu mir in die Beratung kommen, dann ist nicht selten das eigene Lebensalter ein Thema: »Meinen Sie, dass in meinem Alter noch was zu machen ist?«, ist die häufige Frage, die auf der einen Seite scherzhaft und auf der anderen Seite ängstlich gestellt wird. »Ja, es ist so lange etwas zu machen, so lange Sie es wollen und bereit sind, die notwendigen Konsequenzen dafür zu ziehen«, ist dann meine Antwort. Wir können in jedem Alter psychische Widerstandskraft entwickeln und stark werden – nur wird es mit zunehmendem Alter schwerer. Je länger wir leben, desto mehr werden uns Denk- und Verhaltensmuster zur Gewohnheit. Und je älter eine Gewohnheit ist, umso schwerer ist es, diese wieder loszuwerden, da sie meist Teil unseres Selbstverständnisses geworden ist. Diejenigen, die ich beraten habe, haben ihre psychische Stärke – ohne es zu merken – durch falsche Muster verloren. Am Ende konnten sie nicht mehr von dem Muster lassen, weil sie selbst zu dem Muster geworden sind.

Wer seine psychische Widerstandskraft stärken will, der muss wissen, dass er dies nur kann, wenn er wirklich bereit ist, sich »auf den Weg zu machen« und hinter die Oberfläche zu schauen – hinter die eigene und hinter die seines Lebens. Auf den Weg, sich von alten Gewohnheiten zu verabschieden, die ihn tagtäglich behindern und ihn unbemerkt immer weiter schwächen. Auf den Weg, sich von dem zu verabschieden, von dem Sie innerlich spüren, dass es längst nicht mehr das Richtige für Sie ist – auch wenn es »bequem« ist. Auf den Weg zu machen zu lernen, zwischen dem Möglichen und dem Unmöglichen zu unterscheiden, und bereit zu sein, das Leben in seinen Grenzen zu akzeptieren.

Am Ende ist der Weg zur Resilienz nichts anderes als der Weg zu sich selbst. Es ist ein Weg, der nicht an einem Tag gegangen werden kann und der Beharrlichkeit, Mut und unbedingten Willen zur Wahrheit erfordert. Doch es ist ein Weg, der sich zu gehen lohnt. Er bietet Ihnen, Möglichkeiten in und um sich herum zu entdecken, die Ihnen vorher nicht zugänglich gewesen sind und die Ihnen zu einem Leben verhelfen, das Sie vielleicht für gar nicht mehr möglich gehalten haben. Ein Leben weder im Superlativ noch in der Quantität, sondern in Qualität – getragen von dem tiefen Gefühl: Ja, ich lebe, ja, das bin ich!

1. Kapitel

Der Dialog

Beziehung als Grundlage des Lebens

Haben Sie sich einmal gefragt, worin für Sie die größte psychische Belastung besteht? Was macht Ihrer Ansicht nach den größten Reibungsverlust in unserem Leben aus – ob beruflich oder privat? Wenn Sie einmal innehalten und sich fragen, wodurch Sie persönlich in der letzten Zeit die stärkste Erschöpfung erfahren haben, was würden Sie sagen?

So verschieden wir Menschen sind – so ist uns allen doch eines gleich: Wir alle sind soziale Wesen und unterliegen einem entscheidenden Grundbedürfnis: Wir brauchen Beziehung. Der größte Reibungsverlust entsteht dort, wo dieses Grundbedürfnis nicht erfüllt wird – wenn Beziehung nicht gelingt. Leben ist Beziehung. Wir befinden uns ständig in Beziehung. Ob beruflich oder privat: Beziehung ist die Grundlage für das, wer wir sind und was wir tun, und am Ende auch eine Voraussetzung dafür, ob wir darin gesund und erfolgreich sind. Aus Beziehung schöpfen wir Kraft oder wir verlieren Kraft – je nachdem, ob sie gelingt oder nicht. Wenn wir uns also auf die Suche nach psychischer Stärke machen, dann werden wir sie nur dort finden, wo diesem Grundbedürfnis auch Rechnung getragen wird.

Dialog als Grundlage für Beziehung

»Ohne Dialog kein Leben.«

Wenn Menschen zu mir in die Praxis kommen oder ich Menschen in Unternehmen berate, so krankt es immer an diesem zentralen Punkt: an Beziehung. Ob zwischen Führung und Mitarbeiter, Kollege und Kollege, Mann und Frau oder Kunde und Dienstleister – selten wird ein Punkt so unterschätzt wie dieser. Ich bin immer wieder erstaunt, wie viele Angebote und Workshops zu unendlich vielen Themen in Unternehmen stattfinden, während an dem Eigentlichen jedoch kaum gearbeitet wird: an der Fähigkeit, Beziehung gelingend zu gestalten.

Ob für die Resilienz des Einzelnen oder der von Teams und Organisationen: Wenn diese entscheidende Grundlage nicht vorhanden ist, dann besteht eine permanente Schwächung der Betroffenen.

Der Beziehungsaspekt spielt eine zentrale Rolle für Gesundheit wie für Krankheit – er entscheidet, ob wir in die eine oder ob wir in die andere Richtung gehen. Wer psychisch stark bleiben oder werden will, der muss dafür sorgen, dass er sich sowohl im privaten wie im beruflichen Bereich in einem Umfeld bewegt, wo gesunde Beziehungen herrschen. Er sollte sich immer bewusst machen: Je schlechter die Beziehungen sind, in denen wir uns befinden, umso weniger gewinnen wir an Stärke und umso größer ist die Gefahr, dass wir uns darüber sogar schwächen.

So haben sich zum Beispiel alle Klienten, die aufgrund eines Burn-outs in die Beratung kamen, in den entscheidenden Lebensbereichen an Nicht-Beziehung psychisch so erschöpft, dass sie auch körperlich zusammenbrachen. Sie befanden sich entweder in konfliktreichen Beziehungen oder besaßen keine sozialen Kontakte mehr – und jeder von ihnen hatte die Beziehung zu sich selbst verloren.

Resilient zu werden heißt, an der alles entscheidenden Grundlage für Gesundheit zu arbeiten: an der Fähigkeit, Beziehungen richtig zu gestalten – sowohl zu sich selbst wie zu seiner Umwelt –, und so das Fundament für ein gesundes und leistungsstarkes Leben zu legen.

Doch was bedeutet es überhaupt, in guter Beziehung zu sein, und woran erkennt man diese? Was macht eine gute Beziehung aus und welche Voraussetzungen brauchen wir, um gute Beziehungen zu leben? Haben Sie sich diese wichtigen Fragen schon einmal gestellt?

Beziehungsfähigkeit ist eine Grundvoraussetzung für Resilienz.

Grundlage für eine gute Beziehung ist der Dialog. Die Fähigkeit, der Welt und den Menschen offen auf Augenhöhe zu begegnen.

Ohne Dialog kann keine Beziehung gelingen. Geht der Dialog verloren, geht die Beziehung verloren.

Der Dialog: Verschiedene Standpunkte werden auf Augenhöhe ausgetauscht.

Der Dialog ist die Grundlage, das Leben erfolgreich – in seinen Höhen und Tiefen – zu bewältigen. Er ist Grundlage dafür, das Leben zu meistern.

Die meisten Menschen reagieren ganz selbstverständlich zustimmend, wenn vom Dialog die Rede ist. Allerdings fällt es vielen bei näherer Betrachtung schwer, diesen Begriff mit Leben zu füllen. Nicht selten tritt das erste Missverständnis schon bei der Definition auf: So besteht häufig der Irrtum, im Dialog zu sein hieße, gleicher Meinung zu sein.

Im Dialog zu sein bedeutet nicht, dieselbe Meinung zu besitzen, es heißt aber, offen für die Meinung des anderen zu sein und sich auf Augenhöhe darüber auszutauschen.

Kennzeichnend für einen Dialog ist, eine Situation anders zu verlassen, als man sie begonnen hat, sei es mit einem neuen Gedanken, einem neuen Gefühl oder einer neuen Erkenntnis.

Für viele ist der Dialog so selbstverständlich unselbstverständlich, dass sie gar nicht erkennen, ob sie sich tatsächlich im Dialog befinden. Dass Sie im Dialog sind, wissen Sie, wenn Sie fühlen, dass Sie Ihr Gegenüber verstehen und dass Sie jederzeit imstande sind, seine Gefühle und Gedanken – seine Position –

wiederzugeben. Dies können Sie nur, wenn Sie offen für ein Wir sind. Dialog meint niemals nur das Ich – sondern immer auch das Du und die Bereitschaft zu einem Wir aus meinem Ich und deinem Du.

> Übereinander anstatt miteinander zu sprechen ist eine der weitverbreitetsten Gepflogenheiten, wenn der Dialog vermieden wird – und gleichzeitig eines der größten Übel. Es führt zu Verletzungen, die sich oft nur schwer heilen lassen.

So einfach sich dies anhört, so schwer scheint es zu sein, diesen Grundsatz im Alltag zu leben. Ein gelingendes Miteinander (auf der Basis gelingender Kommunikation) ist eine Herausforderung, an der viele Menschen sowohl im beruflichen als auch im privaten Alltag scheitern.

Wenn ich zu einer Kriseninterventionin Unternehmen gerufen werde oder wenn Menschen zu mir in die Beratung kommen, so ist der fehlende Dialog meist die Ursache der Problematik. Die Menschen haben aufgehört, miteinander zu sprechen, oder sie haben nie wirklich miteinander gesprochen – worüber die Situation am Ende immer weiter eskaliert ist. Am Ende stehen sich die Betroffenen sprachlos erschöpft oder wütend gegenüber und die Wunden, die gerissen worden sind, lassen sich zum Teil nur noch schwer heilen.

Was geschieht, wenn der Dialog verloren geht?

Geht der Dialog verloren, bleibt dies häufig von den Betroffenen so lange unbemerkt, bis die Situation im Außen eskaliert oder Krankheitssymptome auftreten, die sie immer mehr beeinträchtigen. Häufig wachen sie erst in dem Moment auf, wo nichts mehr geht und sämtliche Kraftreserven auf allen Ebenen aufgebraucht sind.

> Grundlage für Gesundheit und psychische Widerstandskraft ist der Dialog. Wenn Sie mit sich, Ihrem Umfeld und dem Leben im Dialog stehen, dann sind Sie nicht nur weit von einem Burn-out entfernt, sondern Sie besitzen auch das Fundament für Resilienz.

Der Verlust des Dialoges ist der erste Schritt in die Erschöpfung. Wer resilient bleiben möchte, muss ein Gefühl und ein Bewusstsein dafür entwickeln, was es heißt, im Dialog zu sein, und wann er beginnt, den Dialog zu verlieren, sodass er präventiv handeln kann.

Im Folgenden möchte ich Ihnen dafür ein Modell vorstellen, das ich im Laufe meiner Arbeit mit Burn-out-Patienten entwickelt habe. Es zeigt auf, was geschieht, wenn der Dialog verloren geht, und, im Umkehrschluss, wie es gelingen kann, Beziehungen erfolgreich zu gestalten. Es ermöglicht Ihnen eine erste Bestandsaufnahme Ihrer eigenen Beziehungsgestaltung und hilft Ihnen, Muster und Mechanismen aufzudecken, die Sie in Ihrer psychischen Widerstandskraft beeinträchtigen und Ihnen auch physisch Kraft rauben. Diese Erkenntnisse werden es Ihnen ermöglichen, in Zukunft für grundlegende Bedingungen zu sorgen, die Ihre Resilienz stärken, anstatt sich unbemerkt an falschen weiter zu schwächen und darüber zu erschöpfen.

Das Dialogmodell

Wenn der Dialog verloren geht, tritt sukzessive eine Schwächung ein, die über vier Phasen in eine Erschöpfung führt – und zwar eine Erschöpfung der Person, aber auch der Situation.

Diese Erschöpfung lässt sich auf den vier zentralen Ebenen feststellen, auf denen wir Menschen uns, mal mehr, mal weniger bewusst, ständig bewegen: der Körperebene, der gedanklichen Ebene, der emotionalen Ebene und der Ebene des Verhaltens.

Psychische Gesundheit und Widerstandskraft lässt sich nicht unabhängig von diesen vier Ebenen betrachten – sie entsteht und besteht vielmehr dort, wo sich diese Ebenen im Gleichgewicht befinden.

Dies ist so lange der Fall, solange Sie sich im Dialog befinden – und zwar mit sich selbst, mit Ihrem Umfeld und mit dem Leben. Geht der Dialog verloren, so zeigt sich dies sofort auf jeder Ebene in Form von unterschiedlichen Symptomen, die bei jedem Menschen individuell stark ausgeprägt sind. Reagiert der eine bei Dialogverlust eher auf der emotionalen Ebene, so entwickelt der andere unter Belastung eher körperliche Symptome.

Die vier Ebenen sind auf der einen Seite unmittelbare Leidtragende des verlorenen Dialoges, auf der anderen Seite können sie, wenn Sie dies zulassen, Ihr »Sicherheitsnetz« sein, eine Sicherheit, die verhindert, dass Sie sich endgültig erschöpfen. In dem Moment, in dem Sie beginnen, die vier Ebenen als Ihren Spiegel zu nutzen und konsequent zu reagieren, wenn erste Symptome auftreten, haben Sie die Chance, schnell wieder in Ihr Gleichgewicht zurückzufinden.

Im Folgenden werden verschiedene Symptome vorgestellt, die in den unterschiedlichen Phasen des Dialogverlustes auftreten. Nutzen Sie diese Informationen als Richtlinie für sich, nicht jedoch als absoluten Maßstab. Finden Sie vielmehr für sich selbst heraus, was für Sie als Reaktion typisch ist, und erstellen Sie anhand einer Bestandsaufnahme Ihr persönliches Stressprofil:

Wie reagieren Sie persönlich?

Welche Symptome treten bei Ihnen auf welcher der vier Ebenen auf – und wann?

Finden Sie heraus, wo Sie stehen, und beginnen Sie, auf der Grundlage dieses Wissens notwendige Schritte einzuleiten und präventiv zu handeln. Ihr Ziel sollte sein, dass Sie nicht erst aufgrund von Symptomen erkennen, dass Sie aus Ihrem Gleichgewicht geraten sind, sondern dass Sie ein ganz grundsätzliches Gespür für sich selbst und für Ihre Gesundheit entwickeln. Erst dann werden Sie frühzeitig erkennen, wie es um Sie steht, und können vor diesem Hintergrund rechtzeitig handeln.

> Resilient zu bleiben oder zu werden heißt, dialogfähig zu bleiben oder zu werden. Dialogfähigkeit ist die Grundlage für die Aufrechterhaltung Ihrer psychischen Widerstandsfähigkeit.

Im Folgenden möchte ich Ihnen nun anhand des Dialogmodells den Verlauf des Dialogverlustes vorstellen. Vor diesem Hintergrund bitte ich Sie, sich ein Beispiel aus Ihrem Leben zu überlegen – ganz gleich ob aus dem beruflichen oder privaten Bereich.

Denken Sie an eine Situation, in der es Ihnen nicht gelungen ist, über das, was Ihnen wichtig war, in den Dialog zu treten und eine für Sie angemessene Lösung zu erreichen. Wählen Sie eine Situation, die für Sie von Bedeutung war und es möglicherweise noch ist.

Machen Sie sich hierbei bitte die Definition von Stress bewusst. Stress ist durch das zentrale Gefühl von Hilflosigkeit gekennzeichnet. Je hilfloser wir uns fühlen, umso mehr sind wir unter Stress. Ob wir unter Stress geraten, ist immer die Frage unserer subjektiven Bewertung. Es ist niemals die Situation an sich, die Stress auslöst, sondern das, was wir aus der Situation machen und wie wir sie bewerten. In meinem ersten Buch *Burn-out kommt nicht nur von Stress* habe ich folgende Definition von Stress beschrieben: Stress tritt dann auf, wenn es nicht so läuft, wie ich es will. Dies heißt nicht, dass Stress immer dann auftritt, wenn es nicht so läuft, wie ich es will, aber wenn ich unter Stress gerate, dann ist es nicht so gelaufen, wie ich es wollte. Je identifizierter eine Person mit einer Sache oder Situation ist, umso mehr gerät sie unter Stress, wenn es ihr nicht gelingt, im Dialog zu einer Lösung zu finden.

Ich wähle für das Verständnis ein fiktives und bewusst einfaches Beispiel zwischen zwei Personen – nennen wir sie Frau Müller und Herr Meier, die darüber diskutieren, ob sie ins Kino gehen oder Eis essen gehen wollen.

Der Dialog geht in dem Moment verloren, in dem beide spüren, dass der andere nicht (mehr) bereit ist, sich über die Position seines Gegenübers offen auf Augenhöhe auszutauschen, sondern nur noch daran interessiert ist, die eigene Position durchzusetzen. In dem Moment, in dem beide erkennen: Der andere will nicht so, wie ich es will, und daraus für sich bewerten: Ich besitze keine ausreichenden Kompetenzen, ihn von meiner Position zu überzeugen, und entscheiden: Aber ich bin auch nicht bereit, diese aufzugeben, in diesem Moment beginnt die erste Phase, die Alarmphase.

Die Alarmphase

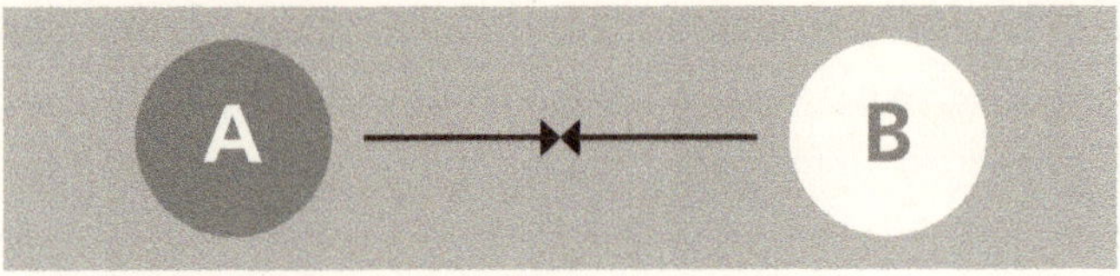

Erste Bewertung der Situation in der Alarmphase:
Das Gegenüber wird als (existenziell) bedrohlich wahrgenommen.

Die Alarmphase ist dadurch gekennzeichnet, dass beide Parteien an ihrer Position festhalten und versuchen, den anderen davon zu überzeugen. Anders als im Dialog findet kein offener Austausch mehr statt. Es gibt keine Bereitschaft mehr für den anderen, keine Bereitschaft für ein Du und keine Bereitschaft für ein Wir. Die Sicht für alles, was außerhalb des Ich liegt, ist verloren, die Scheuklappen sind aufgesetzt.

In dieser Phase stehen sich Ich und Ich unversöhnlich gegenüber und positionieren sich in Form eines Monologs.

In diesem symbolhaften Beispiel heißt dies:

»Kino.«

»Eis.«

»Kino.«

»Eis.«

»Kino.«

»Eis.«

In dieser Phase finden sich folgende Symptome:

Körper: Auf der Körperebene treten die typischen Symptome der Stressreaktion auf. Unregelmäßiger, schneller Herzschlag bis hin zu Herzrasen. Schneller, flacher Puls und schnelle und flache Atmung. Manche Betroffene leiden unter Atemnot, sie beginnen zu zittern, zu schwitzen, die Hände werden kalt und feucht, Harn und Stuhldrang werden verstärkt. Viele Betroffene klagen über »einen Kloß im Hals«.

Gedanken: Auf der gedanklichen Ebene wird fieberhaft nach Lösungsmöglichkeiten gesucht: Was kann ich tun, um die Situation zu lösen? Wie kann ich die Bedrohung abwenden?

Gefühle: Auf der emotionalen Ebene treten Angst und innere Unruhe auf. Die Betroffenen fühlen sich angespannt. In dieser Phase wird der Grundstein für ein weiteres Symptom gelegt, das bei vielen Menschen auftritt, die sich zu lange in einer Stress- beziehungsweise Konfliktsituation befinden und immer weiter den Dialog verlieren: Es ist die sogenannte Paniksymptomatik. Diese wird häufig von den Betroffenen gar nicht als solche wahrgenommen, sondern vielmehr durch folgende Symptome erlebt: Sie leiden unter dem Gefühl, »sich aufzulösen«, haben Angst, unter einer Unterzuckerung zu leiden, und fürchten eine bevorstehende Ohnmacht. Viele beschreiben zum Beispiel auch die Angst vor einem Herzinfarkt, einhergehend mit der klassischen Symptomatik. Diese Angst kann in plötzlicher Todesangst gipfeln. Betroffene müssen den Raum verlassen und scheuen immer mehr Situationen, »aus denen sie schwer entkommen können«. Viele Betroffene klagen über das Gefühl, »verrückt zu werden«.

Verhalten: Auf der Verhaltensebene richten die Betroffenen die gesamte Aufmerksamkeit auf den Stressor. Viele sind hyperagil: Sie fühlen sich von der jeweiligen Situation wie getrieben und leiden unter ausgeprägter Rastlosigkeit. »Mir fiel es immer schwerer, ruhig in der Besprechung sitzen zu bleiben, ich war ständig unter Hochspannung – wie ein maximal gespannter Bogen«, sagte ein Manager.

Bevor ich Ihnen die nächste Phase erläutere, möchte ich für Ihre eigene Bestandsaufnahme an dieser Stelle betonen, dass, so individuell der Mensch ist, auch jeder unterschiedlich reagiert. Es ist durchaus möglich, dass ein Betroffener nicht auf jeder Ebene reagiert – oder bei ihm greifen so ausgeprägte Verdrängungsmechanismen, dass er die Symptome anfangs nicht wahrnimmt, obwohl sie vorhanden sind. Also lassen Sie sich nicht beirren und versuchen Sie nicht, Ihre Selbstwahrnehmung in ein Schema zu pressen, sondern finden Sie aufmerksam heraus, was auf Sie persönlich zutrifft.

Wie lange die Phase des Alarmes andauert, ist abhängig davon, über welche Energiereserven Betroffene verfügen. Irgendwann ist es jedoch immer so, dass einer den »längeren Atem hat« und sich durchsetzt.

Im beschriebenen Fall ist es Frau Müller.

Fehlt die Bereitschaft, in den Dialog zurückzukehren, beginnt die nächste Phase.

Die Widerstandsphase

Zweite Bewertung der Situation: Es gibt keine Möglichkeiten der Auflösung. Es fehlen Kompetenzen zur Situationsbewältigung, ein Verlassen der Situation ist ebenfalls nicht möglich. Die Widerstandsphase beginnt.

Während Frau Müller weiterhin ihre Position vertritt, entscheidet Herr Meier die Situation für sich neu. Er kommt zu dem Entschluss, dass er keine ausreichenden Kompetenzen und Möglichkeiten hat, Frau Müller von seiner Position zu überzeugen. Gleichzeitig will oder kann er sich auch nicht von Frau Müller trennen. Seine Position aufgeben kann er wiederum aber auch nicht.

In dieser »Zwickmühle« beginnt die nächste Phase:

Herr Meier tritt einen Schritt zurück. Er hört auf, seine Position zu äußern. Anstatt zu sagen, was er will, zieht er sich auf ein Nein zurück und geht in den Widerstand.

Die Phase des Widerstands ist gekennzeichnet durch Angriff, Verteidigung und Abwehr.

Während Frau Müller weiterhin ihre Position vertritt und unermüdlich einfordert, hält Herr Meier gegen.

»Kino!«

»Nein!«

»Kino!«

»Nein!«

In dieser Phase zeigen sich folgende Symptome:

Körper: Auf der Körperebene verschieben sich die Symptome der Alarmreaktion auf eine tiefere Ebene. Individuell verschieden erscheinen sie oftmals dort, wo der/die Betroffene Stress erlebt (Kopfschmerzen, Magenschmerzen, Übelkeit, Schmerzen/Engegefühl in der Brust, Ohrenschmerzen/Ohrgeräusche, Verspannungen, Rückenschmerzen, allergische Hautreaktionen etc.). Während viele Betroffene die Alarmphase gar nicht wirklich wahrnehmen, setzt in der Phase des Widerstands gemeinhin das erste Mal ein Bewusstsein dafür ein, dass etwas nicht stimmt. Die Körpersymptome treten nicht nur deutlicher hervor, sondern sie bleiben über einen längeren Zeitraum bestehen und/oder kehren stetig wieder und können dadurch immer weniger ignoriert werden.

Gedanken: Auf der gedanklichen Ebene findet ein Prozess der Verteidigung statt (»Mit mir nicht!«, »Das lass ich mir nicht gefallen«, »Jetzt erst recht«, »Dem/der zeig ich es«, »Ich halte dagegen«, »Der/die wird schon sehen, was er/sie davon hat« ...). Betroffene sind in dieser Phase überwiegend mit der Situation beschäftigt, und es erscheint ihnen kaum möglich, an etwas anderes zu denken. Selbst wenn es kurzzeitig gelingt »abzuschalten«, kehren die Gedanken immer wieder zu der Konfliktsituation zurück und es wird »gegrübelt«. Je nach Charakter hält dieser Zustand kürzere oder längere Zeit an. Irgendwann ist immer der Punkt erreicht, da Betroffene ihr Denken zunehmend auf die Körpersymptome richten, um sich von der eigenen Situation und dem Gefühl der Hilflosigkeit abzulenken (»Ich denke an etwas anderes, um das, was ich nicht will, was ich vermeintlich nicht aushalten kann, zu vergessen«). Dieser Prozess ist kein bewusster, sondern ein unbewusster und dient als Abwehrmechanismus. Es ist viel einfacher, sich mit Kopf- oder Rückenschmerzen zu beschäftigen und einen Termin beim Arzt zu vereinbaren, als sich weiter mit einer Situation auseinanderzusetzen, für die es dem eigenen Empfinden nach keine Lösung gibt.

»Mir sitzt es wieder so im Nacken«, klagte eine Anwältin, die sich in einem schwelenden Konflikt mit ihrem Partner befand. »Ich muss mir unbedingt einen Termin beim Osteopathen besorgen, danach geht es mir immer besser.«

In dieser Phase wird auch versucht, »dem Kind einen neuen Namen zu geben«. So begeben sich viele Betroffene auf die Suche nach einer Diagnose, in der Hoffnung, dadurch einen Weg in die eigene Befreiung zu finden. Eine Diagnose wird von vielen als Rettung erlebt, denn für Erkrankungen gibt es Behandlungskonzepte. »Ich habe noch einmal mein Blut untersuchen lassen«, sagte ein Manager, »und man hat herausgefunden, dass ich eine leichte Schilddrüsenunterfunktion habe. Beim Googeln hab ich jedes meiner Symptome gefunden. Nun werde ich mich erst einmal auf die Suche nach Behandlungsmöglichkeiten bei einem Spezialisten für Schilddrüsenerkrankungen machen.«

Das Gefühl der eigenen Hilflosigkeit ist schwer zu ertragen. Es ist das Gefühl, was bei uns Menschen den meisten Stress auslöst und uns somit am meisten schwächt. Um sich davon zu befreien, wird unbewusst ein neues Feld eröffnet, wo stellvertretend nach einer Lösung gesucht wird. Ein solches Feld ist der eigene Körper. Die empfundene Schwäche und Hilflosigkeit wird auf den Körper verlagert. Der Betroffene hat das Gefühl, endlich kümmere er sich um sich selbst. Eine Diagnose verlagert die eigentliche Belastung und verspricht gleichzeitig vermeintliche Rettung durch einen anderen. Die Entlastung jedoch ist immer nur kurzfristig. Am Ende führt sie nicht zur Rettung, sondern im Gegenteil zu einer weiteren Belastung, denn je mehr sich die Betroffenen um ihren Körper kümmern, umso mehr Energie verschwenden sie, die sie für die Lösung des eigentlichen Problems bräuchten. Hinzu kommt, dass die neue Fokussierung schnell zu einer Fixierung wird. Der Blick für den eigentlichen Konflikt geht immer mehr verloren – so lange, bis die Betroffenen die eigentliche Problematik vergessen haben. Durch ihre Bemühungen, an anderer – falscher – Stelle eine Lösung zu finden, verlieren sie zunehmend Kraft. Dies führt letztendlich nicht nur zu psychischer Erschöpfung, sondern auch zu wachsender Nervosität.

Für Ihre Resilienz ist es wichtig zu erkennen, ob die Beschäftigung mit Ihrem Körper und den damit verbundenen Symptomen in einem angemessenen und erforderlichen Maß stattfindet oder ob Sie unbewusst begonnen haben, sich von einer für Sie scheinbar unlösbaren Situation abzulenken, und nun auf Ihren Körper ausweichen.

Ein gesunder Körper ist die Grundlage für einen gesunden Geist – denn er ist das Zuhause unserer Seele. Es gilt, ihm in einem gesunden und angemessenen Maß Rechnung zu tragen – nicht mehr, aber auch nicht weniger.

> Für Ihre Resilienz ist es wichtig zu erkennen, ob die Beschäftigung mit Ihrem Körper und den damit verbundenen Symptomen in einem angemessenen und erforderlichen Maß stattfindet oder ob Sie unbewusst begonnen haben, sich von einer für Sie scheinbar unlösbaren Situation abzulenken, und nun auf Ihren Körper ausweichen.

»Im Nachhinein«, sagte eine Lehrerin, »kann ich sehen, was für einer Vergeblichkeit ich unterlag. Am Ende beschäftigte ich mich nur noch mit meinen Symptomen, ich forschte im Internet, befragte immer wieder neue Ärzte – immer in der Hoffnung, der nächste könnte mich von meinen Schmerzen befreien. Ich suchte verzweifelt nach jemandem, der für mich »das Steuer« übernahm, anstatt es selbst zu übernehmen und meine Ehe zu klären.«

»Mein Ärztemarathon war rückblickend gesehen grotesk«, sagte ein Manager. »Anstatt mich mit meinem eigenen Leistungsanspruch auseinanderzusetzen, verdrängte ich ihn und hetzte getrieben durchs Leben. Irgendwann begann mein Herz zu rasen, so wie ich durch mein Leben raste. Aber ich war zu ohnmächtig mir selbst gegenüber, ich konnte nicht innehalten, und so lief ich zu den mächtigen Männern im weißen Kittel, in der Hoffnung auf Rettung.«

»Dieses Gefühl der Hilflosigkeit war nicht zu ertragen«, sagte ein Anwalt, »keine Lösung zu haben, das ist unerträglich – überlegen Sie mal, eine Führungskraft weiß keinen Rat – wo gibt es denn so etwas? Irgendwann hatte ich morgens den Eindruck, dass mein Haar schütter wurde – und mit aller Kraft stürzte ich mich auf dieses Problem. Was meinen Sie, was es für eine Entlastung war, wieder ein neues Mittelchen auszuprobieren ... Auch wenn es nicht wirklich half, so beruhigte mich das Gefühl, etwas tun zu können.«

Gefühle: Die Angst wird in Wut und in Aggression umgewandelt. Das Gefühl der Hilflosigkeit wird anfangs noch so gut wie möglich verdrängt und stachelt eher noch die Wut und die Aggression an (»Ich fühle mich wie ein Tiger im Käfig«, »Ich fühle mich wie ein Hamster im Laufrad« ...). Je bewusster die Hilflosigkeit erlebt wird, umso stärker wird versucht, die Situation nicht nur auf der gedanklichen Ebene, sondern auch gefühlsmäßig nicht mehr wahrzunehmen (nichts mehr zu fühlen).

Hier greift derselbe Mechanismus wie auf der gedanklichen Ebene – genau wie die Gedanken werden die Gefühle in eine andere Richtung gelenkt. Die Betroffenen schalten die Wahrnehmung für die eigentliche Situation zunehmend ab – sie hören entweder ganz auf zu fühlen oder sie verlagern ihre Gefühle auf etwas anderes.

»Die Panik«, sagte ein Manager, »mit der ich meine Symptome verfolgte, war die Panik, in meinem Beruf zu versagen.«

»Die Traurigkeit«, sagte eine 34-jährige Personalerin, »mit der ich auf die Trennung von meinem Freund reagierte, war die Trauer über den Tod meiner Mutter, die ich nie zugelassen hatte.«

»Die Aggression, mit der ich auf meine Frau reagierte«, sagte ein Anwalt, »war die Aggression über meinen Job. Hätte ich an der ›richtigen‹ Stelle gefühlt – dann wäre ich automatisch wieder mit der Situation konfrontiert gewesen, die für mich nicht erträglich war. Ich traute mich nicht, die Aggressionen an der richtigen Stelle zuzulassen. Stattdessen nahm ich meine Gefühle einfach mit und lebte sie an anderer Stelle aus. Meine Frau war am Ende nur Mittel zum Zweck.«

> Die Phase des Widerstands ist die Phase, in der – ohne, dass es den Betroffenen bewusst ist – Nebenkriegsschauplätze eröffnet werden.

Anstatt sich mit der eigenen Hilflosigkeit auseinanderzusetzen, die Situation ganz zu beenden oder wieder in den Dialog zurückzukehren und gemeinsam mit dem Gegenüber nach einer Lösung zu suchen, beginnen Betroffene, gedanklich, emotional und in ihrem Verhalten vor der Situation »wegzulaufen«.

Ob sie sich ganz auf ihren Körper konzentrieren, die Kompensation durch Genussmittel suchen oder durch ihr Verhalten andere Konfliktsituationen eröffnen – das Ergebnis ist stets dasselbe: Schwächung der Person, Entstehung neuer, selbst geschaffener Konfliktherde und Verhärtung der ursprünglichen Konfliktsituation.

In dieser Phase gibt es zwei Wege im Sinne der psychischen Gesundheit: Entweder man nimmt den Dialog wieder auf und findet zu einer gemeinsamen Klärung der Situation oder man beendet und verlässt die Situation – im Sinne einer klaren Trennung und nicht im Sinne einer Flucht.

Wer in einer Situation verharrt und gleichzeitig vor ihr flieht, schwächt sich immens. Wer im Außen gegenhält, während er innerlich wegläuft, der verhält sich wie ein Autofahrer, der Vollgas gibt und gleichzeitig die Handbremse zieht. Irgendwann fällt der Motor auseinander.

Hinzu kommt, dass sich die Betroffenen zunehmend minderwertig fühlen, was sich wiederum auf andere Situationen auswirkt. Vor etwas zu fliehen manifestiert die eigene Hilflosigkeit – wer wegläuft, anstatt sich zu stellen, bestätigt sich selbst seine Machtlosigkeit und schwächt sich dadurch in seinem Selbstwertgefühl. Vermeidung hat noch nie zu einer Lösung geführt – im Gegenteil.

Verhalten: Auf der Ebene des Verhaltens beginnen die Betroffenen, »gegen etwas anzukämpfen« und »gegenzuhalten«. Typisch für diese Phase ist, dass begonnen wird, sich abzulenken, »um bloß nicht zur Ruhe zu kommen«, Arbeitstempo und Arbeitszeit werden gesteigert, es wird viel unternommen. Die Betroffenen sind ständig beschäftigt, um nicht an die eigentliche Belastung denken zu müssen. Gleichzeitig versuchen sie sich dadurch ihre Leistungsfähigkeit zu beweisen und die beginnenden Überforderungsgefühle zu widerlegen.

An dieser Stelle möchte ich Ihnen ein typisches Verhaltensmuster vorstellen, das in der Phase des Widerstands einsetzt und das die psychische Widerstandskraft entscheidend beeinflusst: die Kompensation.

Wer sich im Widerstand befindet, der befindet sich in einer Situation, die er nicht will und aus der er sich gleichzeitig nicht befreien kann. Anstatt weiter nach Lösungsmöglichkeiten zu suchen, beginnt er, sich abzulenken und an anderer Stelle vermeintliche Befreiung und Entlastung zu suchen. Ob es das Glas Wein am Abend ist, Tabletten oder andere Genussmittel, übermäßiges Sporttreiben, Überstunden, Affären – es gibt viele Kompensationsmöglichkeiten, allen jedoch ist gemein, dass sie die psychische Widerstandskraft nicht stärken, sondern sukzessive schwächen. Sie schwächen sie, weil die Psyche den Grundsatz »Ich schaffe es nicht alleine« verinnerlicht und immer abhängiger von der Kompensation wird.

»Aber was ist so schlimm an einem Glas Wein?«, fragte ein Manager, der sich immer mehr in der Reisebelastung seines Jobs und im familiären Spannungsfeld erschöpfte, »wenn es mir danach besser geht?« – »Was spricht dagegen, eine Runde um die Alster zu laufen?«, fragte ein Anwalt, der aufgrund seiner Konfliktscheu nicht dazu in der Lage war, seinem Partner auf Augenhöhe zu begegnen. »Danach fühle ich mich deutlich entspannter.«

Zweifellos benötigt jeder Mensch einmal eine Auszeit. Dinge und Situationen einen Moment ruhen zu lassen, um an anderer Stelle Kraft zu tanken, ist vollkommen in Ordnung – solange man die Kraft nutzt, wieder in die Situation zurückzukehren und den bestehenden Konflikt so rasch wie möglich zu lösen.

Kompensation wird in dem Moment schädlich und führt zur Schwächung, in dem sie zur Flucht und Vermeidung wird.

Stärke kann nur im Gegenüber entstehen und bestehen bleiben. In dem Moment, da Sie vor einer Situation psychisch kapitulieren und sich in die Kompensation flüchten, beginnen Sie, sich selbst zu schwächen. Der Kompensation nachzugeben heißt Nachgiebigkeit an der falschen Stelle. Dies lässt Sie immer »weicher« werden, weil Sie notwendige Grenzen verlieren und damit den notwendigen festen Stand, um ein Gegenüber zu bleiben. Einmal Ja an der falschen Stelle macht das nächste Nein schwieriger und das nächste falsche Ja leichter. Ein Rückfall ebnet dem nächsten den Weg, er verunsichert Betroffene in ihrer Standhaftigkeit und verstärkt das Gefühl eigener Inkompetenz. Gerade die Unfähigkeit, sich selbst gegenüber an der richtigen Stelle Nein zu sagen, ist etwas, das die psychische Widerstandskraft massiv schwächt.

Hinzu kommt, dass das punktuelle »gute Gefühl«, das durch die Kompensation erreicht wird, früher oder später zur Eröffnung eines neuen Nebenkriegsschauplatzes und gleichzeitig zur Verhärtung der eigentlichen Fronten führt. Kompensation ist immer ein Fass ohne Boden, denn sie führt niemals zur Lösung des eigentlichen Konflikts – im Gegenteil, früher oder später führt jede Kompensation in die Sucht.

Doch es geht nicht nur um die Eröffnung eines neuen Nebenkriegsschauplatzes. Je mehr die Betroffenen sich ablenken, umso weniger angemessen können sie auf die eigentliche Belastung reagieren. »Erst jetzt kann ich sehen«, sagte eine Anwältin, »dass ich mich nicht nur selbst geschwächt habe, sondern auch die Situation immer weiter habe eskalieren lassen, indem ich sie habe laufen lassen. Hätte ich mich nicht durch Einkäufe betäubt, wäre der innere Druck so groß geworden, dass ich in die Auseinandersetzung mit meinem Mann hätte gehen müssen.«

»Am Ende«, sagte ein Projektleiter, der den Konflikt im Projektteam so lange geleugnet hatte, bis es zu einem öffentlichen Eklat vor dem Kunden kam, »führt Kompensation immer zur

Eskalation. Sie nimmt den notwendigen Druck zu handeln und rechtzeitig zu reagieren. Das rächt sich immer.«

Resilient zu werden und zu bleiben erfordert immer auch Geradlinigkeit und Disziplin sich selbst gegenüber – und zwar im Sinne eines klaren Neins zu Kompensationsmustern. Resilienz heißt nicht nur im Außen Haltung zu bewahren, sondern auch sich selbst gegenüber.

Wir Menschen neigen dazu, den Weg des geringsten Widerstands zu gehen. Dabei ist es ausgerechnet dieser Weg, der uns mit am meisten schwächt. Sich selbst gegenüber »stark« zu bleiben führt am Ende zu einer der größten Wachstumsschübe in der Entwicklung innerer Stärke.

»Sich von der eigenen Sucht zu befreien, dieses Gefühl, es geschafft zu haben, konsequent Nein zu mir selbst zu sagen, wenn ich mich wieder in die Sucht flüchten wollte, das hat mir am Ende meine Stärke wiedergegeben und mich stark für die Auseinandersetzung im Außen gemacht«, berichtete ein Wirtschaftsprüfer.

»Dieses Gefühl, den inneren Schweinehund zu überwinden und meinen Chef direkt anzusprechen, anstatt mich bei meinen Kollegen durch Klagen zu entlasten«, sagte ein Personaler, »war unglaublich befreiend und stärkend zugleich.«

Innere Stärke entsteht im starken Handeln und nicht im schwachen Ausweichen – wer das beherzigt, der wird einen großen Schritt vorankommen auf dem Weg in die Resilienz.

Selbstreflexion – Kompensationsmuster
Fragen Sie sich, ob und wenn ja, was Sie in welchen Situationen womit kompensieren: Worin besteht Ihre Kompensation? Was vermeiden Sie?
Resilienz entsteht nicht von selbst, sondern durch Ihr Handeln – sorgen Sie vor diesem Hintergrund dafür, sich auf die Lösung des eigentlichen Problems zu konzentrieren, anstatt sich abzulenken.

Die Phase des Widerstands ist eine der wichtigsten Phasen überhaupt. In dieser Phase entscheidet sich, ob Sie den Weg in die Erschöpfung oder zurück in den Dialog wählen – ob es bergab geht oder bergauf. Leider verkennen viele, dass Widerstand nicht positiv zu bewerten ist, sondern im Gegenteil negativ. Es kostet viel mehr Anstrengung, gegen etwas zu sein und gegenzuhalten, als etwas zu vertreten. Wer gegenhält, verschreibt sich ganz der Reaktion, und damit dem, was er nicht will. Wer sich im Widerstand bewegt, bewegt sich im Negativen. Wer eine Position vertritt, der hat etwas, wofür er einsteht. Daraus kann er Kraft schöpfen, um zu vertreten, und begegnen. Aus der Begegnung schöpft er Kraft, die er für die Lösung der Konfliktsituation braucht. Reiner Widerstand entzieht Kraft und verhindert Bewältigung.

Die meiste Kraft verlieren wir im Widerstand.

Dies gilt nicht nur im Umgang mit anderen Menschen, sondern auch grundsätzlich im Umgang mit Situationen – sogar im Umgang mit den eigenen Emotionen und Gedanken. Je mehr Sie im Widerstand auch gegenüber sich selbst verharren, je mehr Sie gegen etwas ankämpfen, was in Ihnen ist, umso mehr schwächen Sie sich und erschweren sich die Bewältigung.

Das Wissen, dass Widerstand die meiste Kraft raubt, ist fundamental für die eigene Resilienz. Resilient zu werden heißt, dem zu begegnen, was ist, anstatt zu versuchen, es zu verdrängen oder zu bekämpfen. Es heißt, das, was ist, zur Kenntnis zu nehmen und je nachdem aufzunehmen, zu verdauen, abzugeben. Es heißt nicht abzuwehren. Es heißt nicht, gegen etwas anzukämpfen. Es heißt, etwas zu lassen und zuzulassen. Es heißt immer zunächst ein Ja – und erst dann, im nächsten Schritt, wenn nötig, ein Nein.

Wer resilient werden will, sollte zu folgender Haltung finden: Ich bin offen für alles, was mir begegnet. Ich bin bereit, alles, was mich betrifft, anzunehmen – denn erst dann kann ich es auch wieder abgeben. Die meisten Betroffenen verbringen viel Zeit damit, etwas abzuwehren, das sie nicht wollen. Am Ende müssen sie erleben, wie sie davon eingeholt werden. Erst dann erkennen sie, wie viel Energie und Zeit durch das Abwehren verschwendet worden ist. »Das, was ist, ist« – dieser Grundsatz gilt auch für das, was wir nicht wollen. Die einzige Chance, die wir haben, ist, es anzunehmen, um uns dann davon befreien zu können. »Wenn ich mich sofort mit meiner Ehe auseinandergesetzt hätte«, sagte ein Anwalt, »dann würde ich heute ganz woanders stehen. Ich habe viel zu lange verdrängt, dass wir uns immer mehr verloren haben –

> Psychische Widerstandskraft geht auch dadurch verloren, dass zu viel Energie und Zeit verschwendet wird, Dinge und Situationen, die sind, abzuwehren, anstatt sich ihnen zu stellen.

und erst, als meine Frau mir sagte, sie habe einen anderen kennengelernt und wolle sich trennen, bin ich aufgewacht.«

Selbstreflexion

Vielen Betroffenen ist gar nicht bewusst, was sie eigentlich alles abwehren. Vor diesem Hintergrund gilt es, erst einmal ein Gefühl für den Widerstand zu entwickeln – denn nur, was uns bewusst ist, können wir auch verändern. Finden Sie heraus, woran Sie erkennen können, dass sie beginnen gegenzuhalten, etwas abzuwehren, oder versuchen, etwas zu unterdrücken. Wie fühlt sich das an?

Wenn Sie erkennen, dass Sie sich im Widerstand befinden, halten Sie inne. Hören Sie auf, sich weiter mit Ihrer Abwehrhaltung zu erschöpfen, und tun Sie das Gegenteil: Nehmen Sie an, was Sie stört. Je früher Sie dies tun, umso mehr Kraft bleibt ihnen, um der bestehenden Situation gegenüberzutreten. Sehen Sie nicht weg, sondern sehen Sie hin. Betrachten Sie, was ist. Beschreiben Sie es. Und dann überlegen Sie, was zu tun ist. Treten Sie in den Dialog. Schmecken, fühlen, riechen Sie. Nehmen Sie zur Kenntnis. Nehmen Sie auf und geben Sie ab – aber bleiben Sie auf Augenhöhe. Augenhöhe ist essenziell, denn sie hilft Ihnen, die Situation im Blick zu behalten, und verhindert, dass Sie sich in ihr verlieren.

Die Erschöpfungsphase

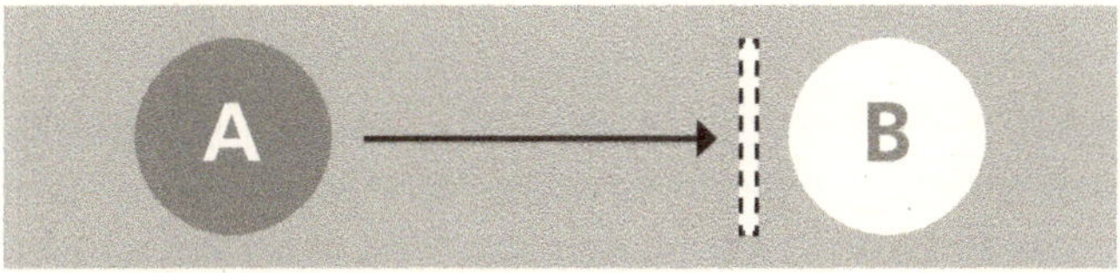

In der Erschöpfungsphase wird die Belastung als hoch, dauerhaft oder unausweichlich erlebt. Sie wird weder durch Bewältigung noch durch Erholungszeiten gemildert oder ausgeglichen. Es kann weder eine Korrektur der Außenwelt noch ein Ausgleich der Innenwelt vorgenommen werden.

Jeder Widerstand ist irgendwann einmal erschöpft. Je nachdem, wie stark ein Mensch ist, je nachdem, über welche Kraftreserven er verfügt, gelingt es ihm eine Zeit lang gegenzuhalten – irgendwann jedoch beginnt unweigerlich die nächste Phase: die Phase der Erschöpfung.

In unserem Beispiel erkennt Herr Meier, dass er immer mehr an Kraft verliert. Er fühlt sich zunehmend schwächer und sieht nach wie vor keine Möglichkeit, die Situation zu lösen – im Gegenteil: für ihn erscheint das Ganze zunehmend aussichtsloser. Während Frau Müller unbeirrt und deutlich ihre Position weiter vertritt und durchzusetzen versucht, wird sein Nein immer schwächer, und er tritt letztendlich in die Phase der Erschöpfung ein.

In dieser Phase nimmt Frau Müller zunehmend Raum ein.

»KINO!«

»Nein!«

»KINO!«

»Nein!«

Die Erschöpfungsphase ist dadurch gekennzeichnet, dass die Belastung als hoch, dauerhaft oder unausweichlich erlebt wird. Sie kann nicht mehr gemildert oder ausgeglichen werden oder anders ausgedrückt: Die Betroffenen kommen nicht mehr runter – weder am Wochenende noch im Urlaub.

Die Phase der Erschöpfung ist die Phase, in der das Burn-out beginnt und in der sich die Symptome immer weiter manifestieren und intensivieren.

Körper: Für die Körperebene bedeutet dies eine Chronifizierung der Symptome der ersten beiden Phasen. Betroffene beschreiben Beschwerden wie Dauerkopfschmerz, Migräne, hohen Blutdruck, der medikamentös immer schwerer in den Griff zu bekommen ist, ständige Magenschmerzen oder chronische Verspannungen, die sich trotz Physiotherapie nicht lindern lassen.

Eine ausgeprägte Kraftlosigkeit und Erschöpfung, verbunden mit dem Gefühl »Ich bin einfach nur noch kaputt«, steht in dieser Phase bei vielen im Vordergrund, hinzu kommt eine wachsende Infektanfälligkeit.

»Gegen Ende war ich eigentlich immer irgendwie krank«, sagte eine Personalerin, »es war nichts Schlimmes, aber irgendetwas war immer – eine Erkältung, Magen-Darm-Probleme, grippale Infekte –, mein Körper konnte einfach nicht mehr. Ich fühlte mich immer mehr wie ein Wrack.«

»Ich fühlte mich eigentlich immer angeschlagen, als würde ich eine Grippe ausbrüten«, berichtete ein Manager, »vollkommen ausgepowert. Und da war so ein Gefühl, als würde ich irgendwie ›auslaufen‹.

Der Verlust des Dialoges rächt sich mit jeder Phase mehr – und die Symptome werden immer schwerwiegender und belastender. »Am Ende war es so, als würde mein Körper alle Kräfte an die Front schicken und dabei immer schwächer werden«, sagte ein Geschäftsführer, der unter einer massiven Herz-Kreislauf-Symptomatik litt und dessen Blutdruck von 280/170 mmHg schließlich nur noch abfiel, wenn er eine Valium-Tablette nahm.

»Ich bin einfach nicht mehr zur Ruhe gekommen«, erzählte eine Lehrerin, »ich konnte nicht mehr schlafen. Hellwach lag ich im Bett, mit rasendem Herzen, und konnte nicht einschlafen – obwohl ich so erschöpft war. Nur wer so etwas erlebt hat, weiß, was das für eine Folter ist.«

Gedanken: Die Gedanken der Betroffenen beginnen in dieser Phase nur noch um die Symptome zu kreisen. War es in der Widerstandsphase noch eine willkommene Ablenkung, sich mit dem eigenen Körper zu beschäftigen und diesen versorgen zu lassen, wird es für Betroffene jetzt zur Notwendigkeit. Die Symptome sind mittlerweile so massiv, dass sie nicht mehr zu verdrängen oder zu kontrollieren sind. Die Betroffenen fühlen sich nicht nur der äußeren Situation immer mehr ausgeliefert, sondern auch den eigenen Symptomen. Häufig wird auch gar kein Zusammenhang mehr zu der eigentlichen Situation hergestellt, da der eigentliche Konflikt aus dem Bewusstsein verdrängt oder aber von der Symptomatik entkoppelt worden ist.

»Meine Neurodermitis«, sagte eine Sekretärin, »blühte richtig auf und nahm immer mehr Zeit in Anspruch, aber ich habe mir überhaupt keine Gedanken mehr über den Konflikt mit meinem Chef gemacht.« – »Warum geht es mir nur so schlecht?« ist ein zentraler Gedanke, der die Betroffenen beschäftigt und ihre Wahrnehmung der eigentlichen Stresssituation immer mehr einschränkt. Nach dem Motto »Was nicht sein soll, existiert auch nicht« wird alles andere einfach abgeschaltet. Betroffene entwickeln sich zu wahren Meistern der Verdrängung.

»Leerer Kopf«, Vergesslichkeit und Konzentrationsstörungen sind klassische Symptome dieser Phase.

»Es kam immer öfter vor«, berichtete ein Projektleiter, »dass ich plötzlich mit leerem Kopf dasaß. Plötzlich waren alle Gedanken weg, und ich wusste nicht mehr, was ich sagen wollte. Ich fühlte mich leer und ausgelaugt.« – »Ich erwischte mich immer häufiger dabei«, sagte eine Personalerin, »dass meine Gedanken abschweiften. Es gelang mir kaum noch, mich zu konzentrieren, und am Ende brauchte ich doppelt so lange wie früher für ganz alltägliche Aufgaben.« Grübeln und fixe Gedanken, die sich im Kreis drehen und ständig wiederkehren, sind typische Symptome der Erschöpfungsphase und erschweren den Betroffenen zunehmend die Alltagsbewältigung.

Gefühle: Es gibt zwei Wege in die Erschöpfung. Einige Menschen erschöpfen sich »laut« und andere erschöpfen sich »leise«. Die Lauten, die noch eine Verbindung zu ihren Gefühlen haben, leiden immer mehr unter ihren Emotionen und äußern diese.

Verzweiflung, Traurigkeit, Trostlosigkeit, aber auch Hilflosigkeit und Angst stehen im Vordergrund. »Irgendwann war ich nur noch gereizt«, sagte ein Geschäftsführer, »ich reagierte schon gereizt, wenn man mich nur ansprach. Ich fühlte mich dermaßen unter Druck und gleichzeitig immer hilfloser, ich hatte das Gefühl, als müsste ich innerlich explodieren.« Die Betroffenen leiden zunehmend unter der inneren Anspannung; in der Krisensituation auszuharren und dies nur zu können, indem sie sich selbst unterdrücken, raubt ihnen alle Kraft und schwächt sie in ihrem Selbstwertgefühl. Mutlosigkeit, einsetzende Selbstzweifel und Schuldgefühle sind der Preis, den sie zahlen.

»Ich fing an, mich immer mehr infrage zu stellen und an mir selbst zu zweifeln«, erinnerte sich ein Teamleiter. »An allem gab ich mir selbst die Schuld. Das war ziemlich schwer zu ertragen. Ich befand mich in einer absoluten Abwärtsspirale.« Die eigenen Interessen zu unterdrücken und sich dem Interesse des anderen unterzuordnen erschöpft und führt am Ende zu einer wachsenden Interesselosigkeit der Umwelt, aber auch sich selbst gegenüber. Gleichzeitig tritt das Gefühl von Überforderung selbst bei der Verrichtung alltäglicher Arbeiten auf. »Mir wird alles zu viel«, »Ich kann nicht mehr«, »Ich will nicht mehr, mir ist alles egal«, »Ich bin nichts wert« sind Empfindungen, die immer wieder von Betroffenen beschrieben werden.

Verhalten: Auf der Ebene des Verhaltens beginnt ein sozialer Rückzug. Zwischenmenschliche Beziehungen werden als immer anstrengender und belastender erlebt, Termine und Verabredungen immer häufiger abgesagt. »Ich habe mich immer mehr aus dem Kontakt zurückgezogen«, sagte ein ITler, »und habe immer weniger auf Anrufe und Anfragen reagiert. Ich konnte einfach nicht mehr.«

Innerlich zerrüttet und dem Zusammenbruch nahe bemühen sich die Betroffenen, nach außen hin nach wie vor die Fassade aufrechtzuerhalten. Um »weiterfunktionieren« zu können und den Schein aufrechtzuerhalten, fliehen sie zunehmend in die

Kompensation, die in der Erschöpfungsphase in vielen Fällen bereits zur Sucht geworden ist: Sie verstärkt die Abwärtsspirale und drängt die Betroffenen immer weiter in den Rückzug.

Lassen Sie mich an dieser Stelle eine kurze Situation beschreiben, die ich vor einiger Zeit während einem meiner Vorträge erlebt habe. Ich präsentierte dem Publikum das Dialogmodell, und als ich die Phase der Erschöpfung beschrieb, sah ich, wie in der hinteren Reihe drei Frauen aufstanden und den Raum verließen. Natürlich fragte ich mich, was sie dazu bewegt haben mochte zu gehen. Hatte mein Vortrag die Hörerinnen gelangweilt? Ich hatte Glück – die Frauen hielten sich noch eine Weile im Vorraum auf, und als der Vortrag zu Ende war, kamen sie auf mich zu. »Das, was Sie eben beschrieben haben, das war so heftig für uns«, erklärte mir eine von ihnen. »Wir haben uns so sehr darin wiedererkannt, dass wir es nicht mehr ausgehalten haben.«

Ein wertvolles Feedback, das mich nachdenklich machte und ich deswegen hier nutzen möchte. Vielleicht erkennen auch Sie sich in den einzelnen Phasen des Dialogmodells wieder? Dann lassen Sie mich für Sie wiederholen, was ich nach meinem Vortrag zu den Frauen sagte: »Dieses Modell ist aus der Praxis entstanden. Jedes der aufgeführten Symptome haben mir Betroffene beschrieben. Wenn Sie Ihre Situation, Ihr Denken und Ihr Fühlen darin wiederfinden, wenn das Modell Sie also erreicht, so erreicht Sie das Leben. Erschrecken Sie nicht, sondern freuen Sie sich. Nutzen Sie Ihre Erkenntnisse, um zu handeln, und leiten Sie die Schritte ein, die notwendig sind, um Ihre Situation zu klären. Noch haben Sie dazu die Möglichkeit.«

Dieses Modell veranschaulicht den sukzessiven Dialogverlust und den Weg in die Krankheit – eine Abwärtsspirale –, aber wer die Mechanismen durchschaut, der hat immer, in jedem Moment, die Chance, sich daraus zu befreien. Resilient zu werden heißt, sich nicht in der Angst oder Frustration über eine schwierige Situation zu verlieren, sondern immer die Möglichkeiten in ihr zu erkennen und dann zu handeln. Es heißt, jeden Tiefpunkt als Chance für die eigene Entwicklung und Kräftigung zu sehen und dementsprechend damit umzugehen.

Die Phase der Erschöpfung ist eine Phase, die sich über einen gewissen Zeitraum hinziehen kann. Aber auch hier ist irgendwann ein Endpunkt erreicht – der letzte Widerstand bricht in sich zusammen, das an sich schon schwache Nein wird endgültig aufgegeben und die nächste Phase, die letzte Phase, beginnt: die Phase des Rückzugs.

Die Rückzugsphase

In der Rückzugsphase erscheint der eigene Rückzug die einzige Lösung.

In der Phase des Rückzugs stellt sich für unser Beispiel die Situation wie folgt dar: Während Frau Müller unermüdlich ihre Position vertritt und einfordert, bricht in Herrn Meier der letzte

Widerstand zusammen, er gibt sein Nein auf und begibt sich in den Rückzug.

Mit Rückzug ist hier nicht der Rückzug aus der Situation gemeint, sondern der innere Rückzug und die endgültige Aufgabe der eigenen Position.

In dieser Situation ist es durchaus möglich, dass Herr Meier mit Frau Müller ins Kino geht – oder, auf das Berufliche übertragen, »Dienst nach Vorschrift« macht und sich dem Arbeitgeber oder Vorgesetzten fügt. Damit ist die Situation aber nicht geklärt – im Gegenteil. Sie können sich gewiss vorstellen, was es bedeuten mag, neben jemandem im Kino zu sitzen, »der gar nicht mehr da ist«. Was es für alle Beteiligten und deren Beziehung bedeutet, wenn einer im Außen etwas mitmacht, obwohl er sich innerlich bereits verabschiedet hat.

Körper: Auf der Körperebene tritt zunehmende Kraftlosigkeit und Erschöpfung auf und die Symptome chronifizieren sich weiter. »Irgendwann war mir alles zu viel«, berichtete ein Wirtschaftsprüfer. »Ich hatte nicht mal genug Kraft, um zum Supermarkt um die Ecke zu gehen und einzukaufen.« – »Es kostete mich zu viel Anstrengung, aus dem Sessel aufzustehen und die Fernbedienung zu holen«, berichtete ein anderer Betroffener. »Es war so, als hätte man mir den Stecker gezogen«, erinnerte sich ein Anwalt, »es ging absolut gar nichts mehr.« Die Phase des inneren Rückzugs ist die Phase, in der das Burn-out seine volle Ausprägung erfährt. Die Symptome sind zum Teil so massiv, dass sie die Betroffenen an der Alltagsbewältigung hindern.

Gedanken: In dieser Phase kreisen die Gedanken der Betroffenen hauptsächlich um die eigene Person. »Ich will nur noch meine Ruhe haben«, »Ich kann nicht mehr«, »Ich will alleine sein«, »Die anderen verstehen mich sowieso nicht«, »Ich gehöre nicht mehr wirklich dazu« sind typische Gedankengänge.

Jetzt rächt sich der Verlust des Dialoges immer massiver. Der innere Rückzug bedeutet Aufgabe – und schließlich immer mehr Selbstaufgabe, die Aufgabe des eigenen Lebens. »So, wie ich meine Position aufgegeben habe – gegen meinen Willen«, berichtete eine Assistentin, »genau so habe ich mich am Ende auch selbst aufgegeben. Ich habe mich ins Abseits gestellt. Zu diesem Zeitpunkt war ich für meine Umwelt nicht mehr erreichbar.«

Gefühle: Wer in dieser Phase noch Gefühle zulässt, stellt sich selbst infrage und lehnt sich selbst ab.

Betroffene, die sich im Rückzug befinden, sind innerlich hochaggressiv. Sie sind wütend über ihre Situation, darüber, wo sie stehen, und geben ihrem Gegenüber die Schuld an der eigenen Situation.

Das Problem ist: Je weiter die Betroffenen in den Rückzug gehen, desto mehr verlieren sie die Augenhöhe und desto weniger trauen sie sich, ihre Aggressionen zu zeigen, was die Wut noch steigert. In dieser Situation gibt es oft nur noch einen vermeintlichen Ausweg: Die ursprünglich auf das Gegenüber gerichtete Aggression wird gegen sich selbst gewendet. Anstatt zu explodieren, »implodieren« die Betroffenen. Dies äußert sich in Selbsthass, Selbstanklage und massiven Selbstzweifeln. In manchen Fällen wird die Autoaggression so mächtig, dass die Betroffenen sich in letzter Konsequenz das Leben nehmen. So ist eine Depression auf einer Ebene nichts anderes, als eine fehlgeleitete Aggression. »Wer sich selbst umbringt, hätte am liebsten vorher jemand anderen umgebracht «, lautet vor diesem Hintergrund ein Satz der Psychologie.

Doch es gibt auch noch eine weitere Möglichkeit, mit der Aggression umzugehen. Diese ist, innerlich zu erstarren und nichts mehr zu fühlen. Betroffene beschreiben Gefühllosigkeit, Teilnahmslosigkeit und das Gefühl der wachsenden Isolation der Umwelt gegenüber. »Am Ende«, erinnerte sich eine Unternehmensberaterin, »habe ich die Umwelt nur noch wie durch Nebel oder Watte wahrgenommen …« – »Ich habe eine tiefe Sinnlosigkeit und Hoffnungslosigkeit dem Leben gegenüber gefühlt«, sagte ein Manager, der über dem Verharren am falschen Arbeitsplatz immer mehr Kraft verlor, bis er schließlich psychisch zusammenbrach.

Verhalten: Auf der Verhaltensebene wird die Aufgabe der eigenen Position besiegelt. Die Betroffenen ziehen sich völlig in sich selbst und aus dem Leben zurück.

Es ist sehr schwer, in dieser Phase wieder in den Dialog zu finden. Die Rückzugsphase beschreibt sozusagen das Ende.

Möglicherweise fragen Sie sich nun, was Sie von diesem Wissen haben. Was hat das Wissen um die letzte, ausweglos erscheinende Phase des Dialogverlustes mit dem Erlangen von Resilienz zu tun?

Die Kenntnis um diese Phase hilft Ihnen, die richtigen Schritte für Ihren eigenen Weg in die Gesundheit und zu innerer Stärke abzuleiten. Das, was notwendig ist, um diese Phase zu beenden, zeigt gleichzeitig an, was notwendig wäre, um gar nicht erst in diese Phase einzutreten. Und mehr noch, es hilft Ihnen von Beginn an, den Weg in eine Abwärtsspirale zu vermeiden.

Hierbei gilt es, zwei Dinge besonders zu beachten: den Umgang mit Aggression und die Übernahme von Verantwortung.

Beides ist entscheidend für Resilienz – für die Aufrechterhaltung Ihrer psychischen Widerstandskraft.

Wissen Sie, warum es so schwer ist, aus der Phase des Rückzugs zurück in den Dialog zu finden? Weil die Kombination aus Wut und Schuld das stärkste psychische Gefängnis ist, das existiert.

In der Selbstaufgabe zeigen die Betroffenen nur noch wütend und anklagend mit dem Finger auf den anderen. Ihm die Schuld für die eigene Situation gebend warten sie darauf, dass er die Schuld abträgt und sie befreit, und machen sich selbst dadurch immer handlungsunfähiger.

Die einzige Chance auf Gesundheit besteht jedoch darin aufzuhören, die Schuldfrage zu stellen, und nach Verantwortung zu fragen. Und zwar nach der eigenen. Es gilt, den Blick auf sich selbst zu richten und sich zu fragen: Worin besteht meine Verantwortung in dieser Situation? Die Antwort birgt die einzige Möglichkeit auf Befreiung. Nur indem wir unseren Anteil erkennen und für diesen Verantwortung übernehmen, werden wir stark genug, um eigenmächtig zu handeln.

> Die einzige Chance auf Gesundheit besteht darin aufzuhören, die Schuldfrage zu stellen und nach Verantwortung zu fragen. Und zwar nach der eigenen Verantwortung.

Das Drama ist jedoch, dass dies den meisten nicht bewusst ist. Viele unterliegen dem Irrtum, dass das Anerkennen der eigenen Verantwortung gleichzusetzen sei mit Selbstaufgabe. So kämpfen sie verbissen um das Schuldeingeständnis ihres Gegenübers, in dem sie den einzigen Weg in die Befreiung sehen, und reiten sich so immer weiter in die eigene Ausweglosigkeit hinein.

> Wer zu innerer Stärke finden will, der muss bereit sein, sich die Frage nach der eigenen Verantwortung zu stellen, und lernen, mit seinen Aggressionen konstruktiv umzugehen.

Neben der Übernahme von Verantwortung ist der richtige Umgang mit Aggressionen – an der richtigen Stelle und zum richtigen Zeitpunkt – ebenso zentral wie die psychische Widerstandskraft. Menschen, denen es an psychischer Widerstandskraft mangelt, mangelt es meist auch am richtigen Umgang mit Aggressionen. Sie müssen sich von ihrer falschen Überzeugung verabschieden und erkennen lernen, dass Aggressionen an sich nichts Negatives sind. Aus der Aggression beziehen wir Energie für unseren Selbsterhalt. Sie wird erst dann destruktiv, wenn wir sie unterdrücken. Diese Erkenntnis ist für das Erlangen von Resilienz entscheidend – verbunden mit der Entwicklung der Fähigkeit, einen konstruktiven Umgang und Ausdruck für die Aggression zu finden.

Der äußere Dialog

Es scheint in ihrer Natur zu liegen, dass Menschen erst bereit sind, in die Veränderung zu gehen, wenn sie größtem Leid ausgesetzt sind. So suchen meine Klienten – ob Einzelpersonen oder auch Unternehmen – meist erst dann die Beratung auf, wenn das »Kind bereits in den Brunnen gefallen ist« und sich die Betroffenen schon in der Erschöpfung oder der Rückzugsphase befinden, anstatt sich von Anfang an um das Notwendige zu sorgen.

Im Dialog zu sein hört sich so leicht an – und scheint am Ende doch die größte Herausforderung des menschlichen Alltags zu sein. Ob in Unternehmen oder in der Praxis, Ursache für die Beratungsanfragen sind in den meisten Fällen darauf zurückzuführen, dass die Betroffenen den Dialog verloren haben.

Der erste Schritt aus der Misere ist, den Dialog wieder aufzunehmen – oder aber den Dialog zum ersten Mal zu suchen.

Für viele Betroffene bedeutet dies, überhaupt erst einmal die Fähigkeit zum Dialog zu entwickeln.

Zwar wissen fast alle um seine Definition, im Gespräch stellt sich jedoch oft heraus, dass die meisten diese gar nicht mit Leben füllen können beziehungsweise die Voraussetzungen für einen Dialog überhaupt nicht kennen.

Es ist zu wenig, nur zu erkennen, wann der Dialog verloren gegangen ist. Wer gesund bleiben will, der muss auch erkennen, wann und wo der Dialog überhaupt stattfindet. Dies kann er unter anderem daran, wenn er sich über dessen Voraussetzungen bewusst ist.

Haben Sie sich einmal gefragt, was die Bedingungen für einen Dialog sind?

Woran können Sie erkennen, dass Sie überhaupt bereit für einen Dialog sind? Und was benötigen Sie, um diesen auch in schwierigen Situationen aufrechtzuerhalten?

Das folgende Kapitel wird diese Fragen beantworten und Ihnen die Grundvoraussetzungen eines gelingenden Dialoges verdeutlichen – in dem Wissen, dass die Bewältigung des Lebens untrennbar mit Dialogfähigkeit verbunden ist. Dass Resilienz im Dialog und durch den Dialog entsteht und dort verloren geht, wo der Dialog verloren wird. Wer sich dies bewusst macht, der hat einen entscheidenden Schritt für die eigene Widerstandskraft getan und einen Schlüssel gefunden, um die Tür ins Leben zu öffnen.

Haben Sie schon einmal die Erfahrung gemacht, in stundenlangen Meetings zu sitzen, in denen endlos ohne Ergebnis diskutiert wird? Dann werden Sie sicher wissen, dass ein Dialog nicht automatisch dadurch entsteht, wenn mehrere Menschen in einem Raum zusammensitzen und anfangen zu sprechen. Im Gegenteil: Es gibt stundenlange Gespräche und Diskussionen, in denen jeder vor sich hin monologisiert. Am Ende sind dann alle entweder genervt oder bestenfalls »froh, dass man mal darüber gesprochen hat« – um dann nach kurzer Zeit festzustellen, dass alles beim Alten geblieben ist. Wissen Sie, was ein entscheidendes Merkmal ist, an dem Sie feststellen können, ob es sich um eine Sitzung handelt, in der ein Dialog herrscht? Sie erkennen es an der Atmosphäre, die im Raum herrscht.

Es ist ganz einfach: Dialog heißt immer Austausch. Es ist der Wechsel aus Geben und Nehmen, der Wechsel aus Ich und Du. Der Dialog lässt entstehen.

Ihr Gefühl ist ein guter Sensor, ob die Energie des Dialoges herrscht oder nicht.

Sie fühlen sich wach und im Fluss, solange Sie im Dialog sind – und müde, schwer und zäh, wenn ein Monolog herrscht.

Der Monolog ist im Gegensatz zum Dialog immer eine Energie-Einbahnstraße, die in einer Sackgasse endet – je nachdem, welchen Part Sie einnehmen, ändert sich Ihr Gefühl. Monologisiert Ihr Gegenüber, fühlen Sie sich schwer und erdrückt – monologisieren Sie, fühlen Sie sich leer und wie im luftleeren Raum.

> Denken Sie daran, dass resilient zu werden nicht bedeutet, an seinem Verhalten zu arbeiten, sondern an seiner inneren Haltung. Wer die richtige Haltung hat, der kann sich auch richtig verhalten. Eine richtige Haltung für Resilienz ist die Grundhaltung des Dialoges.

Fehlt die Resonanz des Dialoges, kann keine Energie entstehen, die vorhandene geht verloren und gerät ins Stocken, und die Beteiligten verlassen das Gespräch müde und erschöpft.

Der Dialog ist im Gegensatz zum Monolog immer eine Win-win-Situation – und das wird in der Gesprächsatmosphäre deutlich spürbar.

Voraussetzungen für den äußeren Dialog

Es gibt sechs Grundmerkmale, die erfüllt sein müssen, damit der Dialog überhaupt zustande kommt und bestehen bleibt. Ist einer dieser Punkte nicht erfüllt, so kann kein Dialog stattfinden. Ich werde diese im Folgenden ausführlich beschreiben, denn überall dort, wo ich Einzelpersonen, Teams oder Unternehmen berate, scheitern Betroffene häufig unbemerkt bereits an diesen Punkten.

Wenn es darum geht, die Voraussetzungen der Dialogfähigkeit zu entwickeln, bietet das eigene Empfinden einen guten Ansatzpunkt. Jeder von uns trägt ein tiefes Gespür von Begegnung in sich, auch wenn es manchmal verschüttet wird. Bevor Sie nun weiterlesen, halten Sie doch einmal kurz inne, spüren Sie in sich hinein und fragen Sie sich, welche Voraussetzungen für Sie erfüllt sein müssen, damit Sie den Eindruck haben, dass eine andere Person Ihnen wirklich begegnet.

Was brauchen Sie von Ihrem Gegenüber, damit sich bei Ihnen das Gefühl einstellt, im Dialog zu sein? Damit Sie bereit sind, auch im Dialog zu bleiben?

Verstehen

Ein zentrales Merkmal gelingender Begegnung ist das Gefühl, verstanden zu werden. Das Gefühl, der andere sieht mich in meiner Position und Situation und versteht mich. Er weiß, was ich meine.

Die Bereitschaft, den anderen zu verstehen, ist eine der zentralen Voraussetzungen, damit ein Dialog zustande kommen kann.

Viele Konflikte entwickeln sich bereits aufgrund fehlenden Verständnisses füreinander und eskalieren durch das Gefühl, »nicht verstanden zu werden«. Wenn ich Konfliktsituationen moderiere, so geht es den Parteien in vielen Fällen längst nicht mehr nur um die Sache an sich, sondern um den Kampf darum, verstanden zu werden, der mit großer Emotionalität geführt wird. Es ist erstaunlich, wie diese Emotionen »runterkochen«, wenn die Parteien beginnen, Verständnis für die andere Seite zu zeigen.

Ein zentrales Merkmal gelingender Begegnung ist das Gefühl, verstanden zu werden.

Ich denke an eine Moderation zurück, wo zwei Führungskräfte sich fast die Köpfe einschlugen. Sie bombardierten sich gegenseitig mit Vorwürfen und Vorhaltungen und wurden immer wütender über die Uneinsichtigkeit des anderen. Ich regte sie zur folgenden Übung an: Sie sollten die Plätze tauschen und den Platz des anderen einnehmen. Dann bat ich zunächst den einen und dann den anderen, auch die gedankliche Position des anderen einzunehmen und sich ganz in ihn hineinzuversetzen. »Wie geht es Ihnen nun?«, fragte ich dann jeweils beide Parteien. »Wie fühlen Sie sich und was denken Sie?« Es war erstaunlich, wie die Spannung nachließ – jeder der Beteiligten begann zu beschreiben, wie sich der Platz des anderen für ihn anfühlte. »Ah, okay, nun verstehe ich auch, warum du so reagierst«, ist eine Antwort, die ich in solchen und ähnlichen Situationen oft gehört habe. Plötzlich wird das Verhalten des anderen nicht mehr persönlich genommen und man beginnt, sich der Sache an sich zuzuwenden. Es ist jedes Mal, als würde ein Schalter umgelegt, wenn Verstehen und das Gefühl, verstanden zu werden, eintreten.

In diesem Fall kam es von beiden Seiten – und bald war es möglich, in Ruhe über den eigentlichen Kern des Konflikts zu sprechen.

Selbstreflexion

Verstanden zu werden ist ein menschliches Grundbedürfnis, denn es entspricht dem Gefühl, angenommen und gesehen zu werden. Überlegen Sie einmal, wie Sie reagieren, wenn Sie das Gefühl haben, verstanden zu werden, und wie Sie reagieren, wenn Ihnen Unverständnis entgegenschlägt. Geht es Ihnen wirklich in jedem Ihrer Konflikte darum, Ihre Meinung durchzusetzen, oder bestehen viele Konflikte auch deswegen, weil Sie sich in Ihrer Meinung nicht gesehen und verstanden gefühlt haben?

Verstehen ist nicht nur ein rationaler, sondern immer auch ein emotionaler Prozess

Viele meinen, dass es sich bei dem Verstehensprozess um einen rationalen Prozess handelt. Dies ist jedoch falsch. Wer sich gedanklich, aber nicht emotional in die Position des anderen hineinversetzt, ist zwar im Außen offen, aber innerlich verschlossen. Tatsächliches Verstehen wird so nicht möglich sein.

Empathie

Den anderen zu verstehen setzt die Fähigkeit zur Empathie voraus. Empathie bedeutet nichts anderes, als, wie in der Übung beschrieben, den Platz des anderen einzunehmen und sich in dessen Position so hineinzuversetzen, als wäre es die eigene. Sie schlüpfen sozusagen für einen kurzen Moment sowohl emotional wie auch rational in die Haut eines anderen, nehmen von sich selbst Abstand und sind somit in der Lage, die Gefühlswelt des anderen zu verstehen.

Wirkliches Verstehen setzt dort ein, wo Sie das, was Sie wissen, auch fühlen. Den anderen zu verstehen ist eine Grundvoraussetzung für den Dialog.

»Jetzt begreife ich, was Empathie wirklich heißt«, sagte eine Führungskraft. »Es heißt, das zu fühlen und zu denken, was der andere fühlt und denkt, und nicht, was ich an seiner Stelle denken würde. Nun weiß ich, wo mein Fehler lag. Ich habe mich nie gefragt, wie es dem anderen geht, sondern immer nur: Wie würde es mir wohl gehen in dieser Situation? Kein Wunder, dass meine gut gemeinten Handlungen nicht angenommen wurden. Das ist ja wirklich unheimlich schwer.«

Empathie heißt, auch auf der Gefühlsebene den Platz des anderen einzunehmen. Wer dazu nicht bereit ist, der wird nicht zu einem echten Verständnis finden.

»Mich in den anderen hineinzuversetzen«, berichtete eine Personalerin, »hat mir nicht nur geholfen, Situationen klarer zu sehen und richtig einzuschätzen, sondern auch, mich selbst nicht mehr zu wichtig zu nehmen. Plötzlich gelang es mir, nicht mehr alles persönlich zu nehmen.«

Wer empathisch ist, wird nicht nur zu einem angemessenen Umgang mit anderen Menschen und Situationen finden, er wird auch sich selbst anders begegnen können.

In der Fähigkeit zur Empathie liegen genauso große wie unterschätzte Chancen für ein Miteinander. Empathie ermöglicht immer, Brücken zu schlagen, auch dort, wo scheinbar jeder Ansatzpunkt fehlt.

»In dem Moment, als ich mich in meinen Kollegen hineinversetzt habe«, erinnerte sich ein Angestellter, »gelang es mir, ganz anders auf ihn zu reagieren. Ich spürte hinter seiner im Außen geäußerten Aggression eine tiefe Angst zu scheitern. Anstatt weiter mit Gegenaggression zu reagieren, sprach ich indirekt die Angst zu versagen an. Ich bot ihm meine Unterstützung an und machte Vorschläge, was man grundsätzlich in einer Situation wie der unsrigen tun könnte, um nicht zu scheitern. Am Ende konnten wir dann gemeinsam das eigentliche Thema besprechen, was vorher nicht möglich war.«

Empathie besitzt im privaten wie im beruflichen Bereich unheimlich viel Potenzial. Ich empfehle jedem, der sich auf ein schwieriges Gespräch vorbereitet oder sich bereits in einer angespannten Situation befindet, sich als Vorbereitung in die Position des anderen hineinzuversetzen, -zufühlen und -zudenken und ihm dann auf dieser Grundlage – friedlich und ruhig – zu begegnen.

> Empathie ist nicht nur eine Grundvoraussetzung des Dialoges, sondern auch die beste Prävention gegen Eskalation – und ein entscheidendes Mittel zur Deeskalation, wenn ein Konflikt bereits ausgebrochen ist.

Begegnung in Beziehung kann nur auf der Basis von

Empathie und Verstehen gelingen. Sich auf den Weg ins Verstehen zu machen ist der erste Schritt zur Begegnung. Je geringer die Bereitschaft ist, den anderen zu verstehen, umso größer ist die Gefahr, sich missverstanden zu fühlen, gekränkt und verletzt zu werden.

Wer empathisch ist, weiß seinem Gegenüber so zu begegnen, dass der sich »richtig und angemessen« behandelt und »gesehen« fühlt.

»Im Nachhinein«, sagte eine Führungskraft, »war die Erkenntnis schon bitter. Es waren meine Scheuklappen, die verhinderten, dass ich eine klare Sicht auf die Dinge bekam. Blind für die Situation sah ich nur mich selbst und steigerte mich immer mehr in ein Gefühl der Kränkung hinein. Ich wollte verstanden werden, war aber selber nicht bereit dazu. Ich hatte nur meine Verletzung im Kopf, wurde immer wütender und aggressiver, und dies führte am Ende zu einem heftigen Knall mit meinen Kollegen.«

In der Beratung habe ich die Erfahrung gemacht, dass Nichtverstehen immer mit Hilflosigkeit und Wut einhergeht. Der Grad des Verständnisses und der negativen Emotionen stehen zueinander in einem antiproportionalen Verhältnis. Verstehen hilft Betroffenen, sich nicht in Aggressionen zu verlieren. Mehr noch. Es ist ein Schutz gegen Eskalation. Mit zunehmendem Verstehen sinkt die Aggression und das Gefühl der Hilflosigkeit – und umgekehrt.

Diejenigen von Ihnen, die dazu neigen, schnell in die Wut zu gehen, sollten sich selbst immer wieder disziplinieren, in schwierigen Momenten innezuhalten, und sich für einen kurzen Moment auf den Platz des anderen setzen. Dies »holt Sie wieder zurück auf den Boden« und schützt Sie vor Kurzschlusshandlungen, die am Ende nicht nur der Situation, sondern auch Ihnen schaden würden. Dies gilt nicht nur für Situationen, in denen Sie sich wütend, sondern auch für solche, in denen Sie sich hilflos fühlen.

Den anderen zu verstehen verhilft nicht nur zu einem klaren Blick auf die Dinge, es vergrößert immer auch den eigenen Handlungsspielraum. »Stärke entsteht durch Verstehen« – diesen Grundsatz sollte jeder verinnerlichen, der an seiner Resilienz arbeiten will.

Übung für die eigene Stärkung

Nicht nur für die Dialogfähigkeit, sondern auch für die psychische Widerstandskraft sollte der bereits beschriebene »Platzwechsel« zu einer Selbstverständlichkeit werden. Jeder von uns sollte dazu in der Lage sein, in jedem Moment, in jeder Situation – und sei diese noch so schwer – den Platz des anderen einzunehmen und sich in ihn hineinzufühlen und hineinzudenken.

Vielleicht fragen Sie sich nun, wie Sie darüber innere Stärke entwickeln können. Innere Stärke und Widerstandskraft entstehen immer im Tun – und zwar in der Erfahrung von Begegnung. Sie brauchen die Erfahrung des Platzwechsels, um weiterzuwachsen. Je öfter Sie die Erfahrung machen, den Platz wechseln zu können, ohne sich zu verlieren, je mehr Sie spüren, dass Sie dies im Gegenteil sogar bereichert, umso mehr werden Sie an Kraft und innerer Stärke gewinnen. Selbstbewusst kann nur derjenige werden, der nicht ängstlich an seinem Platz festhält, sondern sich mutig unbekannte Plätze in der Welt ansieht und diesen auf Augenhöhe begegnet.

Denken Sie an eine Konfliktsituation und nehmen Sie in Gedanken den Platz Ihres Gegenübers ein. Erfassen Sie es. Verstehen Sie die Position des anderen und kehren Sie dann zu Ihrer eigenen zurück. Wie fühlen Sie sich? Hat Ihre Sichtweise sich verändert – und wenn ja, inwiefern?

> Verstehen macht stark. Nur wer bereit ist, in die tiefsten menschlichen Abgründe zu blicken und sie zu verstehen, wird lernen, der Welt auf Augenhöhe zu begegnen. Suchen Sie sich vor diesem Hintergrund bewusst Situationen mit Beteiligten aus, die Sie innerlich ablehnen, und nehmen Sie deren Plätze ein. Erfassen Sie sie, verstehen Sie und kehren Sie dann zurück zu Ihrer Position. Beobachten Sie, wie Sie sich währenddessen fühlen.

Viele Dialoge scheitern nicht nur aufgrund fehlenden Verstehens, sondern kommen gar nicht erst zustande, weil die Bereitschaft fehlt, den anderen zu verstehen.

Ein Grund dafür ist, dass die Betroffenen meinen, »verstehen« bedeute automatisch »gutheißen«. Sie meinen, sie verstünden den anderen erst in dem Moment, in dem sie seiner Meinung zustimmen, und bleiben deswegen von vornherein verschlossen. Dabei gehen sie von einer falschen Prämisse aus.

Verstehen heißt, einen Standpunkt voll und ganz nachvollziehen – erfassen – zu können, nicht mehr und nicht weniger.

Erst wenn Sie bereit sind zu verstehen, können Sie allem, was ist, auf Augenhöhe begegnen und so einen angemessenen Umgang mit Ihrer Umwelt entwickeln. Nur wer versteht, der sieht und kann entsprechend handeln. Verstehen macht stark. Wer dies für sich erkennt, hat eine Kraftquelle für richtiges Handeln gefunden.

Offenheit

Haben Sie sich einmal gefragt, was eine zentrale Voraussetzung für Verständnis ist? Was brauchen Sie, um jemanden wirklich verstehen zu können?

Die Antwort lautet: Offenheit. Nur wenn Sie dem anderen offen begegnen, kann es gelingen, ihn voll und ganz zu verstehen. Offenheit ist die Grundlage jeden Dialoges, sie ist der erste Schritt in den Dialog und die Voraussetzung für wirkliches Verstehen.

Selbstreflexion

Haben Sie sich einmal gefragt, wie offen Sie Ihrem Gegenüber begegnen? Und haben Sie sich einmal gefragt, warum Sie sich bestimmten Situationen gegenüber verschließen?

Für Ihre Resilienz ist es wichtig herauszufinden, in welchen Situationen und welchen Personen gegenüber Sie sich verschließen und was der Grund dafür ist. Wer das Prinzip der Resilienz – die Fähigkeit des Aufnehmens und Wieder-Abgebens – leben will, der muss dazu in der Lage sein, jeder Person und Situation offen zu begegnen.

Ob im beruflichen oder im privaten Bereich, Konflikte entstehen und eskalieren, wenn Betroffene nicht offen sind, sondern im Gegenteil in ihrer eigenen Welt leben und diese, ohne es zu merken, als Maßstab nehmen. Konflikte entstehen, wenn sich Menschen Meinungen bilden, ohne nachzufragen oder hinzuschauen, ohne offen dafür zu sein, dass sie sich möglicherweise auch täuschen könnten, ohne offen dafür zu sein, dass die Welt durchaus anders sein könnte, als sie annehmen.

Dialog heißt niemals nur Ich – sondern immer Ich und Du. Er beinhaltet im Gegensatz zum Monolog stets die Grundfrage »Wie siehst *Du* das?«.

Besinnen Sie sich einen Moment auf sich selbst und hinterfragen Sie, wie Sie Ihren Alltag und Ihre Beziehungen – ob beruflich oder privat – gestalten. Wie dialogbereit sind Sie tatsächlich? Wie offen sind Sie wirklich für die Welt und Ihr Gegenüber? Besitzen Sie die Bereitschaft, auf Ihr Gegenüber zuzugehen und zu fragen: »Mir ist dies oder jenes aufgefallen ... Sag mal, wie siehst du das?«

Oder bilden Sie sich Ihre Meinung und teilen diese Ihrem Gegenüber bestenfalls mit?

Offen zu sein heißt, immer bereit zu sein zu teilen. Sich mitzuteilen und an der Sicht des anderen teilzunehmen. Offenheit heißt, bereit für die Möglichkeit zu sein, dass die Dinge und die Welt anders sind, als man selbst sie sieht.

> Offenheit setzt innere Stärke und Persönlichkeit voraus und ist gleichzeitig ein Ausdruck dafür.
> Wer nicht mehr besitzt als die eigene Sichtweise, der wird sie nicht loslassen können, aus Angst, den Halt zu verlieren.

Selbstreflexion

Haben Sie sich einmal gefragt, warum es nur so wenigen Menschen gelingt, dem Leben und ihrem Gegenüber offen zu begegnen?

Welche Voraussetzung braucht es für Offenheit? Welche Fähigkeiten muss ein Mensch besitzen, um offen zu sein?
Sie selbst sind die Grundlage dafür. Je selbstbewusster Sie sind und je mehr Sie sich Ihrer selbst gewiss sind, desto mehr können Sie Andersartigkeit erkennen und aushalten und mehr noch – Sie können sich daran erfreuen.

Je geringer das Selbstbewusstsein eines Menschen ist, je weniger Kontur er besitzt, desto bedrohlicher erscheint ihm die Außenwelt. Unbewusst wird er der Welt gegenüber immer eine Verteidigungshaltung einnehmen. Je unsicherer ein Mensch in seiner Identität ist, desto unsicherer ist sein Stand im Leben. Alles Fremde, alles, was über den eigenen Tellerrand hinausgeht, muss ihm bedrohlich und beängstigend erscheinen – und so flieht er in die Abwehrhaltung.

Wer sich seiner selbst nicht sicher ist, der wird gleichsam seine Haustür verschlossen halten – er wird niemanden zu sich hereinlassen und er wird sich nicht aus dem Haus wagen und in die Welt hinausziehen. Sein Haus wird ein Hochsicherheitstrakt werden, Ausdruck der inneren Notwendigkeit, sich zu schützen.

Je geringer die eigene Identität ausgeprägt ist, je unsicherer ein Mensch in sich ist, umso mehr muss er sich an seiner Sicht festhalten und umso schwerer wird er sie loslassen können, aus Angst, den Halt zu verlieren.

Ohne es zu wissen, leben viele Menschen in einem Hochsicherheitstrakt und beschießen alles, was sich ihnen nähert – und sei es auch nur eine andere Meinung. Alles Fremde, alles, was dem eigenen nicht gleicht, muss bekämpft werden, und so kommt es zu der an sich paradoxen und doch verständlichen Situation: Betroffene, die unsicher in ihrer Identität sind, machen sich selbst und ihre Meinung zum Maßstab.

Gefährlich wird es, wenn sich diese Menschen in Führungspositionen befinden oder aber in Gruppen zusammenschließen und aus einem gemeinsam errichteten Hochsicherheitstrakt heraus »Andersartigkeit« bekämpfen.

Es ist immer wieder bemerkenswert, wie in Unternehmen versucht wird, Innovation aus Hochsicherheitstrakten zu betreiben. Wer Innovation will, der kann dies nur erreichen, wenn er sich für die Welt öffnet, anstatt sich vor ihr zu verbarrikadieren.

»Erst jetzt kann ich erkennen«, sagte eine hochrangige Führungskraft, »dass es meine fehlende Bereitschaft war, mich für die Welt meiner Mitarbeiter zu öffnen, die unsere Restrukturierung fast zum Scheitern brachte. Ich war der Meinung, Innovation bedeute, alle anderen von meiner Welt zu überzeugen, anstatt mich für die Welt zu öffnen, die ich verändern wollte. Erst als ich dies tat, konnte ich erkennen, welche Veränderung nötig und möglich war – und vor allem, wie sie sich erreichen ließ.«

Sich der Welt gegenüber zu verschließen ist immer schädlich – und es wird umso schädlicher, je mehr Einzelne sich in einer Gruppe zusammentun und eine gemeinsame Mauer errichten. Es ist immer wieder erschreckend zu sehen, wie sich auch in unserer Zeit ungeachtet unserer Geschichte immer wieder ein identitätsloser Mob zusammentut und aus der eigenen Anonymität und Unsicherheit ein gemeinsames Feindbild erschafft und wie die Bekämpfung des »Fremden«, die manchmal bis zur Vernichtung gehen muss, zur eigenen »Hochsicherung« missbraucht wird.

Offen und dialogbereit zu sein setzt Stärke und die unbedingte Bereitschaft zur Akzeptanz eines anderen Du voraus. Es bedeutet, sich seiner selbst sicher zu sein. So sicher, dass man sich weder in der Anonymität noch durch dicke Mauern absichern muss. Im Gegenteil, es bedeutet, bereit für Neues zu sein. Bereit für anderes, für mehr als nur sich selbst.

Offen und dialogbereit zu sein bedeutet, aus dem eigenen Haus zu treten, in die Welt hinauszuziehen – und mit neuen Erfahrungen bereichert nach Hause zurückzukehren. Es heißt, mehr als die eigene Meinung zu sein und dadurch fähig und bereit, wenn sinnvoll und in Anerkennung der Realitäten, diese zu revidieren. Nicht im Sinne des Sich-Fügens, sondern im Sinne der Erkenntnis und Weiterentwicklung.

Verschlossenheit fängt dort an, wo Schwäche und Angst herrschen, und hört dort auf, wo Stärke und Identität beginnen.

Offenheit setzt die stete Bereitschaft voraus, die eigene Komfortzone zu verlassen. Diese basiert auf Selbstgewissheit und authentischer Lebensführung. Nur wer bei sich ist und weiß: »Ich kann mir selbst zur Seite stehen«, wird es wagen, Neuem zu begegnen und Neues anzunehmen.

Interesse

Wenn Menschen befragt werden, ob sie sich als offen erleben, so nennen sich häufig diejenigen voller Überzeugung so, die am verschlossensten sind.

Damit Sie sich vor einer Selbsttäuschung bewahren können: Haben Sie sich einmal gefragt, woran Sie erkennen können, ob Sie tatsächlich offen sind?

Ein zentrales Merkmal für Offenheit ist, dass Sie sich für Ihr Gegenüber interessieren. Haben Sie sich einmal überlegt, ob und wie selbstverständlich dies der Fall ist? Sind Sie am anderen und an seiner Position wirklich interessiert oder besteht Ihr Interesse vielmehr darin, die Welt von Ihrer Position zu überzeugen?

Wenn ich in Unternehmen zu Konfliktmoderationen gerufen werde, zeigt sich häufig eine tiefe gegenseitige Interessenlosigkeit, die von Beginn an einen Dialog gar nicht entstehen lässt.

Vermeintliche Dialoge werden überwiegend mit der Intention gestartet, den anderen von der eigenen Position zu überzeugen, ohne überhaupt interessiert an der Position des anderen zu sein. »Ich wusste meist schon vor dem Gespräch«, sagte ein Personaler, »was richtig war – und sah das Gespräch nur noch als Mittel, dies an die Frau oder den Mann zu bringen. Was mit dem andern war, interessierte mich überhaupt nicht. Nicht, weil ich den anderen nicht mochte. Ich hielt es einfach für unerheblich.«

»Wenn ich ehrlich bin«, sagte ein ITler während eines Teambuilding-Prozesses, »richtet sich mein Interesse immer nur darauf, mein Ziel zu erreichen. Das ist ganz schön hart zu sehen.«

Bereiche, die Innovation auf ihre Fahne geschrieben haben, entpuppen sich als Bereiche, in denen jeder in seiner Welt um sich selbst kreist und meint, Innovation würde bedeuten, dass die anderen über den eigenen Tellerrand hinausschauen und ihre Welt verlassen, um die eigenen Überzeugungen anzunehmen.

Dasselbe gilt für den privaten Bereich. Jede zweite Ehe wird mittlerweile in einem einsamen Nebeneinander geschieden. Sich auch im Alltag für den anderen zu interessieren und damit für ihn und die Beziehung offenzubleiben, scheint vielen von uns schwerzufallen. Ohne es zu merken, verschließen sich Betroffene ihrem Partner gegenüber und schaffen so eine Atmosphäre, die am Ende keine Kraft mehr spendet, sondern massiv Kraft raubt.

Vorbehaltloses Interesse an unserer Welt und an unserem Gegenüber ist richtungsweisend für Offenheit und ist die Voraussetzung jeder Begegnung. Wer sich nicht für sein Gegenüber interessiert, wird ihm auch nicht offen begegnen.

Selbstreflexion

Denken Sie einmal an Ihren Alltag:
Sind Sie an Menschen und Situationen, denen Sie begegnen, wirklich interessiert? Spüren Sie das Interesse, mehr erfahren zu wollen? Oder befinden Sie sich in Ihrer eigenen Welt und fühlen sich darin mal mehr und mal weniger wohl?

Offen ist nur, wer auch fühlt, was er denkt

Neben dem Interesse ist das Gefühl das zweite Indiz für Offenheit. Offen ist nur, wer fühlt, was er denkt, und die Position des Gegenübers nicht nur rational, sondern auch emotional erfasst. Wer sich gedanklich, aber nicht emotional in die Position des anderen hineinversetzt, ist zwar im Außen offen, aber innerlich verschlossen. Auf der emotionalen Ebene wehrt er sein Gegenüber weiter ab. So hört bei vielen Menschen der Dialog schon auf, bevor er begonnen hat. Meist verbirgt sich hinter dieser Haltung die Angst, sich nicht mehr abgrenzen und wehren zu können, wenn man emotionale Nähe zulässt. Oder der Unwille, von der Vorverurteilung des anderen und einer bereits gefestigten Meinung zurückzutreten.

So kommt es zu Scheindialogen, in denen auf der rationalen Ebene ein Austausch angetäuscht wird, während emotional eine tiefe Abwehr bestehen bleibt. Am Ende führt dies immer in eine Sackgasse, zu verhärteten Fronten und in den Rückzug.

> Wer in den Dialog treten möchte, sollte sich folgende grundlegende Frage stellen: Bin ich bereit, mein Gegenüber auch vom Gefühl her zu verstehen und ihm in diesem Verständnis zu begegnen?

Wer in den Dialog treten möchte, sollte sich zunächst immer folgende Frage stellen: Bin ich bereit, mein Gegenüber auch vom Gefühl her zu verstehen und ihm in diesem Verständnis zu begegnen? Wenn dies nicht der Fall ist, ist der Dialog aufgrund der fehlenden Offenheit von vornherein zum Scheitern verurteilt.

Alles ist eine Frage des richtigen Maßes

Offenheit ist Voraussetzung für den Dialog und Grundlage für psychische Widerstandskraft, doch auch hier gilt, wie in jedem anderen Lebensbereich, das richtige Maß zu finden.

Manchen Menschen mangelt es an Dialogfähigkeit, nicht weil sie zu wenig Empathie oder Offenheit besitzen, sondern weil sie zu offen und zu empathisch sind und sich darüber selbst aufgeben und verlieren.

Sie sind nicht in der Lage, ein Gegenüber zu bieten, sondern verlieren sich in der Symbiose. Die Betroffenen zerfließen mit der Welt und dem Geschehen um sich herum – und lösen sich vollkommen darin auf.

> Manchen Menschen mangelt es an Resilienz, nicht weil sie zu wenig Empathie oder Offenheit haben, sondern weil sie zu offen und zu empathisch sind und sich darüber selbst aufgeben und verlieren.

So sind es gerade die Offenen und Sensiblen unter uns, die sich aufgrund ihrer Sensibilität an der Welt erschöpfen, weil sie sich in ihr verlieren, anstatt ihr im Dialog zu begegnen. Es sind diejenigen, die für alles Verständnis haben und Verständnis mit gutheißen verwechseln. Diejenigen, die keine Grenzen ziehen, obwohl eine Situation es erfordert. Diejenigen, die den Dialog dadurch verhindern, dass sie alles geben – bis hin zu sich selbst.

Sie stürzen sich in die Probleme anderer, halten unerträgliche Situationen aus – aus lauter Verständnis, schlechtem Gewissen und Fürsorgepflicht. Sie sind so offen, dass sie sich fast automatisch und unbewusst mit Ihrer Umwelt identifizieren. Dies führt dazu, dass sie alles übernehmen, was im Gegenüber ist, und dann meinen, es wäre Teil ihrer selbst. Die Betroffenen werden unter dem, was sie sich aufgebürdet haben, begraben und verlieren dadurch immer mehr Kraft und Energie.

Menschen mit geringer Dialogfähigkeit gestalten ihr Leben gemeinhin nach dem einen oder anderen absoluten Grundsatz: »Ich bin mir selbst der Nächste« oder »Der andere ist mir der Nächste«.

Um dialogfähig zu werden, müssen sich die einen der Welt öffnen – die anderen müssen lernen, sich selbst offen zu begegnen. In der Begegnung mit der Welt gilt es, immer wieder in den inneren Abgleich zu gehen und sich die Frage zu stellen: Was bin tatsächlich ich und was ist der andere? Nur so gelingt es, sich die eigenen Grenzen – und die der anderen – bewusst zu machen, Grenzen, die das eigene Überleben sichern und helfen, das Leben aktiv zu gestalten.

Dialog ent- und besteht nur dort, wo es eine »Reibungsfläche«, wo es Grenzen, wo es zwei Gegenüber gibt.

> An seiner Dialogfähigkeit zu arbeiten heißt nicht nur, an seiner Empathie und Offenheit zu arbeiten, sondern auch an seinen Grenzen.

An seiner Dialogfähigkeit zu arbeiten heißt also nicht nur, an seiner Empathie und Offenheit zu arbeiten, sondern auch an seinen Grenzen.

Je mehr Sie wissen, wer Sie sind, je bewusster Sie sich Ihrer selbst sind, umso leichter und selbstverständlicher wird es für Sie, Grenzen zu ziehen und sie aufrechtzuerhalten. Diejenigen, die über ausgeprägte Dialogfähigkeit verfügen, sind untrennbar mit sich selbst verbunden – und können vor diesem Hintergrund allem und jedem begegnen, ohne sich zu verlieren.

Die Kunst des Dialoges – und am Ende auch unserer Resilienz – basiert also darauf, das richtige Maß für das Ich und für das Du zu entwickeln. Es ist eine Frage der Bewusstseinsstruktur: Wer flexibel und offen genug ist, wahr- und aufzunehmen, was die Welt ihm bietet, aber auch ausreichend gefestigt, um abzugeben und zurückzugeben, der hält Maß. Resilienz entsteht weder im »Abprallen« noch im »Ineinander-Aufgehen«. Weder in der Verhärtung noch im Sich-Verbiegen. Resilienz entsteht im Nehmen und Geben, im Aufnehmen, im Empfangen, im Ab- und Zurückgeben.

Augenhöhe

Haben Sie sich schon einmal gefragt, was der Grund dafür ist, dass es manchen Menschen möglich ist, selbst schwerste Krisen zu meistern und gestärkt aus ihnen hervorzugehen, während andere sich in vergleichbar geringen Belastungssituationen verlieren und aufgeben?

> Ein weiteres Merkmal des Dialoges ist die Begegnung »auf Augenhöhe«. Resilienz entsteht überall dort, wo Begegnung auf Augenhöhe stattfindet – und geht überall dort verloren, wo die Augenhöhe aufgegeben wird.

Was machen die einen richtig und was machen die anderen falsch?

Meiner Erfahrung nach tritt nicht nur in Krisen, sondern in jeder Belastungssituation immer dann der entscheidende Wendepunkt ein, wenn die Betroffenen Haltung annehmen und dem, was ist, auf Augenhöhe begegnen. Augenhöhe heißt, Sie schauen weder auf eine Situation oder Ihren Gesprächspartner hinab noch zu ihm auf. Sie stehen der Situation und dem Gesprächspartner aufrecht gegenüber und blicken ihr/ihm in die Augen.

Der Verlust der Augenhöhe ist einer der zentralsten Punkte, die uns schwächen und uns Kraft kosten. Wer die Augenhöhe verliert, der kann der Situation kein Gegenüber bieten und ihr nicht adäquat begegnen.

Selbstreflexion
Haben Sie sich schon einmal gefragt, wie Sie Ihrer Umwelt und Ihren Mitmenschen begegnen? Sind Sie ein Mensch, der jeder Person und jeder Situation gegenüber die Augenhöhe hält?

Wenn die Augenhöhe fehlt, entstehen nicht nur Konflikte, sondern bestehende Konflikte werden auch unlösbar. Der Verlust der Augenhöhe geschieht häufig von den Betroffenen unbemerkt. Weil das vielen Betroffenen gar nicht bewusst ist, beginnen sie häufig auch neue Situationen bereits mit fehlender Augenhöhe, sodass der Dialog von Anfang an zum Scheitern verurteilt ist.

Augenhöhe zu verlieren kann auf verschiedenen Wegen geschehen. Hierbei sind vor allem drei zentrale Mechanismen zu erwähnen:

Ich mache mich groß und den anderen klein

Ein typischer Mechanismus ist, dass Betroffene sich selbst zu überhöhen beginnen und auf die Situation oder ihr Gegenüber herabblicken. Diese Menschen fühlen sich oft so minderwertig und klein, dass sie unbewusst ins gegenteilige Extrem verfallen. Hierbei kann man durchaus einen antiproportionalen Bezug herstellen: Je größer die eigene Überhöhung, umso kleiner das Selbstbewusstsein in der Situation. »Die Lautesten sind im Grunde die Schwächsten« ist ein Satz, der dieses Phänomen beschreibt.

Ich mache mich klein und den anderen groß

Andere verlieren die Augenhöhe, indem sie das Gegenteil tun: Sie unterwerfen sich und überhöhen die Situation und ihr Gegenüber.

Wer sich einer Situation unterwirft, tut dies meist aus einem Gefühl von Ohnmacht und Minderwertigkeit heraus und hofft, in der Unterwerfung Schutz und Rettung durch den anderen zu erfahren.

Dieses Muster begegnete mir bei einer Patientin, die aufgrund eines Burn-outs im Kontext einer Beziehungskrise zu mir in die Behandlung kam. Sie beklagte in einem fort die eigene Schwäche und die Dominanz ihres Partners und unterwarf sich immer weiter, anstatt innezuhalten und sich aufzurichten. In manchen Fällen ist der eigene Selbstwert so gering, dass die Betroffenen in der eigenen Erniedrigung einen scheinbar passenden Ausdruck finden. Irgendwann beginnen sie, sich in ihrer Rolle zu gefallen, und verlieben sich in die eigene Schwäche. Sie richten sich durch das Beklagen der eigenen Schwäche immer mehr in der Situation ein und nutzen diese, um das Außen zu animieren, sie zu unterstützen. Gefallen am eigenen Opfertum zu finden ist ein Mechanismus, der eine Lösung verunmöglicht. Es ist wichtig, diesen Mechanismus zu erkennen und zu verstehen, denn nicht selten fällt auch das Umfeld des oder der Betroffenen auf diesen Mechanismus herein, sodass sich am Ende alle Beteiligten in der Vergeblichkeit erschöpft haben.

Die Allmacht der eigenen Kleinheit

Es gibt jedoch auch Unterwerfungen, die der indirekten Bestätigung der eigenen Größe dienen. Sich kleinzumachen, um sich groß zu fühlen, ist ein subtiler Mechanismus, der gerade in Konfliktsituationen und Krisensituationen eine Lösung zum Teil verunmöglicht. Ich erinnere mich an einen Manager, der in einer Konfliktsituation immer wieder beklagte, wie klein und unbedeutend er sei, und das Außen als extrem übermächtig darstellte. Im Laufe des Gesprächs wurde deutlich, dass diese unbewusste Strategie ihm erlaubte, auf seiner Position zu beharren und sich jeder Veränderung zu verschließen. Indem er die eigene Bedeutungslosigkeit hervorhob, verwies er im Grunde auf das genaue Gegenteil: die eigene Richtigkeit und Wichtigkeit. In solchen Situationen kann folgende zunächst paradox anmutende Intervention hilfreich sein: »Machen Sie sich nicht so klein, so groß sind Sie nicht.«

> Wir können Krisen nicht meistern, wenn wir uns in ihnen auflösen, anstatt ihnen aufrecht zu begegnen.

Eine weitere Möglichkeit, die Augenhöhe zu verlieren, ist, mit der Situation oder mit dem Gegenüber zu verschmelzen. Dieser Mechanismus verstärkt die Krisensituation im Inneren der Person wie in der äußeren Situation und macht eine Bewältigung kaum mehr möglich. Wer mit der Konfliktsituation oder dem Gegenüber verschmilzt, gibt seine Grenzen auf und droht, sich selbst zu verlieren. Der Mechanismus der symbiotischen Verschmelzung während eines Konflikts ist daher einer der gefährlichsten Mechanismen.

Wer also dialogfähig werden und psychisch stark bleiben will, der sollte zuallererst dafür sorgen, dass er die Augenhöhe hält – und, falls er sie verloren hat, herausfinden, warum und vor allem auf welche Art und Weise es dazu gekommen ist.

Sehe ich auf die Situation herab oder blicke ich zu ihr hinauf? Kann ich meinem Gegenüber in die Augen sehen oder fühle ich mich ihm über- oder unterlegen? Das sind zentrale Fragen, die es sich zu stellen und zu beantworten gilt.

Augenhöhe ist eine Grundhaltung dem Leben gegenüber

Wenn in meinen Seminaren über den Dialog gesprochen wird, vertreten stets einige Teilnehmer die Ansicht, dass Augenhöhe in Hierarchien nicht möglich sei. »Aber Frau Prieß«, sagte einer meiner Studenten, »es ist nicht möglich, einem Dozenten auf Augenhöhe zu begegnen. Sie haben doch am Ende die Macht.«

»Wie kann ich meinem Chef auf Augenhöhe begegnen?«, fragte eine Mitarbeiterin, »wenn ich weiß, dass er am Ende darüber entscheidet, ob ich bleiben darf oder gehen muss?«

Würde ich Sie jetzt, als Leser, nach Ihrer Meinung fragen – was würden Sie mir antworten? Halten Sie Augenhöhe auch in Hierarchien für möglich?

Ich vertrete die Ansicht, dass Augenhöhe nicht nur überall möglich, sondern nötig ist. Augenhöhe ist keine Frage des Status, des Geschlechts, der beruflichen Position oder des Alters – sie ist eine Frage der Grundhaltung – den Menschen, dem Leben und sich selbst gegenüber. Solange wir unser Miteinander auf Basis von Macht gestalten, bleiben unsere Begegnungen arm.

Respekt und Wertschätzung

Die meisten Menschen erkennen erst, dass sie die Augenhöhe zu ihrem Gegenüber verloren haben, wenn auch die letzten Voraussetzungen zum Dialog verloren sind: Respekt und Wertschätzung.

Dialog kann nur dann gelingen, wenn er von Wertschätzung und Respekt getragen wird. Dies bedeutet, dass Sie dazu in der Lage sind, jeden Menschen unabhängig von seiner Position, seinem Geschlecht, seinem Alter, seiner Religion oder seiner Bildung in seinem Wert zu schätzen und zu respektieren.

Sie werden niemandem wirklich begegnen, den Sie nicht respektieren, denn genauso wenig, wie Sie für ihn offen sind, genauso wenig wird er sich Ihnen öffnen.

> Den anderen unabhängig von seiner Position, von Geschlecht, Alter oder Religion »gutzuheißen« – ist die Grundlage für ein kraftspendendes Miteinander.

Dialogfähigkeit heißt, dass Sie grundsätzlich dazu in der Lage sein müssen, zwischen Person und Sache zu trennen. Nur dann werden Sie sachliche Diskussionen erfolgreich führen können. Damit dies gelingt, muss jeder Dialog mit der Haltung beginnen: »Du als Person – dich schätze ich wert. Dich als Menschen respektiere ich.« Und jeder Dialog muss in dieser Grundhaltung zu Ende geführt werden.

> Ein Dialog kann dann am erfolgreichsten geführt werden, wenn er auf der Grundlage echter Wertschätzung geführt wird.

Augenhöhe, Empathie, Interesse und Offenheit sind Voraussetzungen für Begegnung. Die meiste Kraft, die in Begegnung entsteht, entsteht jedoch durch Wertschätzung, durch eine grundlegende Haltung, die sich im folgenden Satz wiederfindet: So, wie du bist, bist du gut. Dies gilt für jeden Bereich des Lebens – nicht nur für den privaten. Abteilungen und Unternehmen werden dort am erfolgreichsten geführt, wo die Führungskräfte zu einem wertschätzenden Dialog in der Lage sind. Respekt und Wertschätzung sind der Boden für resiliente, handlungsstarke und innovative Teams. Die tägliche Atmosphäre im beruflichen Miteinander ist unendlich viel mehr wert als kostspielige Teamevents und zahllose Workshops, in denen »am Team gebaut wird«. Dasselbe gilt im privaten Miteinander – der Großteil der Konflikte entsteht nicht durch unterschiedliche Positionen, sondern durch das Gefühl, nicht gesehen, anerkannt und wertgeschätzt zu werden.

> Augenhöhe, Empathie, Interesse und Offenheit sind Voraussetzungen für Begegnung. Am meisten Kraft spendet eine Begegnung jedoch dann, wenn all dies auf dem Boden einer inneren grundsätzlichen Haltung stattfindet: So, wie du bist, bist du gut – eine innere Haltung der Wertschätzung des Gegenübers.

Wo Respekt und Wertschätzung verloren gehen, entstehen Verletzungen, die nur schwer zu heilen sind.

Ich kann jedem nur dringend raten, sich immer wieder bewusst zu machen, wo er in diesen beiden Punkten steht, und dafür zu sorgen, dass diese niemals verloren gehen. Dialogfähigkeit heißt immer auch, an seiner inneren Haltung dem Leben und sich selbst gegenüber zu arbeiten. Es heißt, den Wert des Lebens zu erkennen und darin den Wert eines jeden Menschen zu respektieren und schätzen zu lernen – unabhängig von dem, was er tut und was nicht. Es bedeutet die bedingungslose Annahme des Menschen, jedes Menschen, in seinem ganz persönlichen Wert.

Nur auf dieser Grundlage kann meiner Erfahrung und Ansicht nach ein gutes und von gegenseitigem Respekt getragenes Leben gelingen.

Wer unmenschlichem Verhalten mit Unmenschlichkeit begegnet, wird keinen Konflikt lösen. Respektlosigkeit wird nicht durch Respektlosigkeit aufgehoben, fehlende Wertschätzung nicht durch Verachtung. Im Gegenteil.

Erst wenn klare Grenzen, ein deutliches Nein und harte Konsequenzen von Respekt und Wertschätzung getragen werden, besteht eine echte Chance, die Destruktivität und Wertlosigkeit des menschlichen Handelns zu verringern. So, wie wir selbst behandelt werden wollen, so sollten wir auch andere behandeln.

Selbstreflexion

Bevor Sie in den Dialog treten, gilt es sich also immer auch die Frage zu stellen: Kann ich den anderen in seiner Person so annehmen, wie er ist, kann ich ihn wertschätzen? Diese Frage ist gleichzeitig Grundlage für die Frage, ob Sie sich auf Augenhöhe befinden. Sie können den anderen nur schätzen, wenn Sie ihm auf Augenhöhe begegnen und ihn in seiner Person erkennen. Wenn Sie also die Frage mit Ja beantworten können, so haben Sie gleichzeitig die Antwort darauf gefunden, ob Sie sich auf Augenhöhe befinden.

Lassen Sie mich an dieser Stelle noch eine Anmerkung machen. Ich erlebe häufig Menschen, die auf die Frage nach Wertschätzung erst einmal antworten, dass dies doch selbstverständlich sei – sich aber nicht wirklich entsprechend verhalten. Ihre Antwort beruht einzig und allein auf dem rationalen Wissen, dass Wertschätzung notwendig ist. Wenn Sie sich vergewissern wollen, dass Sie nicht zu diesen

Menschen gehören, fassen Sie den Wert Ihres Gegenübers in Worte, bevor Sie sich in den Dialog begeben. Dadurch verhindern Sie eine mögliche Selbsttäuschung.

»Wenn ich gewusst hätte, wie anstrengend das Ganze ist, dann hätte ich dem nicht zugestimmt!«

»Wollen Sie Ihre Beziehungen im Dialog oder im Monolog gestalten?« Die Antwort der Betroffenen, denen ich in Unternehmen, in Seminaren, Vorträgen oder in meiner Praxis diese Frage stellte, war immer dieselbe: »Natürlich im Dialog!« Mir ist bisher noch kein Mensch begegnet, der gesagt hat: »Ich entscheide mich für ein Leben im Monolog.«

Zu Beginn meiner Beratungen lege ich immer bestimmte Voraussetzungen mit meinen Klienten fest. Voraussetzungen für die Zusammenarbeit – die gleichzeitig Grundlage für die Erreichung des Ziels sind. Meist handelt es sich hierbei nur um die Voraussetzungen für einen Dialog. Ich erinnere mich an eine hochrangige Führungskraft, die mich beauftragt hatte, ihr Team »aus der Vereinzelung und dem Mangel an gelingender Kooperation zu holen«, und die sehr gerne und selbstverständlich eingewilligt hatte, mit mir im offenen Dialog zu bleiben – um dann im Laufe der Beratung damit zu brechen. Als ich sie darauf hinwies, sagte sie: »Wenn ich gewusst hätte, wie anstrengend das wird, dann hätte ich Ihren Bedingungen nicht zugestimmt.«

Es gehört nicht viel dazu, um gesund zu sein – dieses wenige scheinen viele jedoch nicht bereit zu sein zu geben. Wir leben in einer Welt, in der das Richtige zwar meist rational erkannt wird, aber emotional nur selten umgesetzt. Einer Welt vieler Worte und gleichzeitig fehlender Taten.

Dialogfähigkeit ist eine Grundlage gelingenden Lebens – und erfordert tagtägliche Arbeit und die Bereitschaft zur eigenen Veränderung. Wenn wir nicht bereit sind, dies im vollen Ausmaß anzuerkennen und uns danach zu richten, werden wir nicht an Stärke und Widerstandskraft gewinnen – ganz gleich, wie viele Versuche wir unternehmen. Im Gegenteil, wir werden uns erschöpfen und bestenfalls innerlich schwach und im Außen verhärtet versuchen, das Leben zu überstehen.

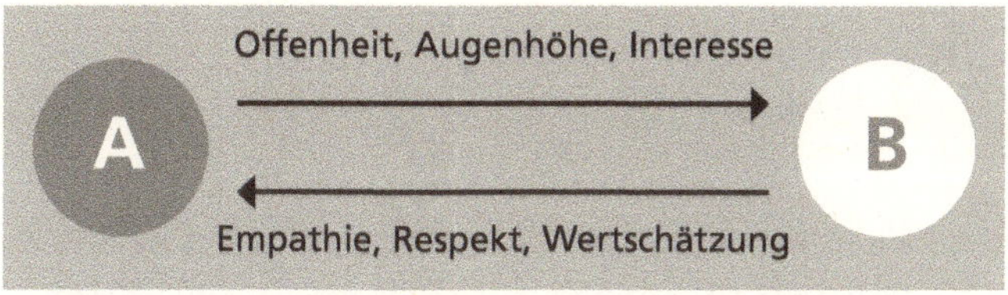

Der Dialog und seine Voraussetzungen – Grundlage für ein gelingendes Leben.

Wenn ich Sie nun am Ende dieses Kapitels fragen würde: »Wollen Sie den Dialog oder den Monolog leben?«, was würden Sie mir antworten? Sind Sie bereit für den Dialog? Und sind Sie bereit, die damit verbundenen Anstrengungen ehrlich und konsequent in Kauf zu nehmen?

Checkliste I – Bin ich bereit für den Dialog?

- Bin ich offen? Bin ich offen für eine andere Sicht und bereit, meine eigene gegebenenfalls zu verändern oder zu ergänzen? Bin ich bereit, in die Welt hinauszutreten?

- Bin ich bereit zu einem Wir – oder will ich meine Sicht durchsetzen?
- Bin ich am anderen interessiert?
- Will ich den anderen rational und emotional verstehen und bin ich bereit, mich »auf seinen Platz zu setzen«?
- Begegne ich dem anderen auf Augenhöhe?
- Respektiere ich mein Gegenüber und schätze es in seinem Wert – unabhängig von seiner Position, Bildung, von Geschlecht, Religion und Alter?

Checkliste II – Bin ich im Dialog?

- Bin ich offen?
- Habe ich ein Gefühl für das, was der andere meint – oder kann ich seine Position nur rational nachvollziehen?
- Kann ich die Position des anderen ohne inneren Widerstand wiedergeben?
- Befinde ich mich dem anderen gegenüber auf Augenhöhe?
- Respektiere ich ihn und schätze ich ihn wert?
- Fühle ich mich rational und emotional verstanden?
- Fühle ich mich respektiert und wertgeschätzt?

Anwendungsbereiche des Dialogmodells

Im Folgenden möchte ich Ihnen anhand des Dialogmodells zentrale Konstellationen vorstellen, in denen der Dialogverlust tagtäglich zu Konflikten und damit verbunden zur psychischen Schwächung der Betroffenen führt.

> Das Dialogmodell beschreibt nicht nur den Dialogverlust zwischen zwei Menschen, sondern eine grundsätzliche Verlaufsform und ist daher auf jede denkbare Konstellation anwendbar.

Für die meisten Menschen findet Beziehung unbewusst und selbstverständlich statt. Für die eigene Gesundheit und psychische Widerstandskraft sollten wir uns aber bewusst machen, wo und mit wem wir in täglicher Beziehung stehen, was uns vor diesem Hintergrund beeinflusst und wo ein Dialog notwendig ist.

Beziehung findet nicht nur zwischen zwei Menschen im privaten Bereich statt, sondern natürlich auch im beruflichen Bereich, innerhalb von Gruppen, Institutionen und Systemen. Wir alle stehen in Beziehung zu Lebenssituationen und Ereignissen – und wir befinden uns in einer ständigen Beziehung mit uns selbst. In all diesen Bereichen ist ein Dialog notwendig – geht er verloren, hat dies immer Konsequenzen für die Resilienz. Im Folgenden möchte ich Ihnen aufzeigen, wie sich der Dialogverlust in unseren Hauptbeziehungsbereichen abspielt und auswirkt – und wie wir ihn verhindern können.

Teams

»Keine erfolgreiche Kooperation ohne Dialog.«

Der Beruf nimmt eine zentrale Rolle im Leben der meisten Menschen ein. Viele von uns arbeiten in Teams und sind dementsprechend abhängig von dem jeweiligen Teamgeschehen. Je erfolgreicher ein Team ist, umso gesunder und resilienter sind die einzelnen Teammitglieder – und umgekehrt. Resilienz ist unmittelbar abhängig von einer gesunden beruflichen Atmosphäre und von Erfolg – genauso wie resiliente Teams Voraussetzungen für den Unternehmenserfolg sind.

Um erfolgreich zu agieren, müssen sie erfolgreich kooperieren. Grundlage für eine Kooperation ist immer der Dialog. Wenn innerhalb der Belegschaft und/oder zwischen Mitarbeitern und Führungskraft kein Dialog entsteht oder wenn er verloren geht, scheitert die Zusammenarbeit – und nicht selten leidet dabei auch die Gesundheit.

Im Unternehmensbereich spielt vor allem der Dialog zwischen Führung und Team eine zentrale und entscheidende Rolle. Wenn Teams gescheitert und ausgebrannt sind, dann immer, weil der Dialog hier verloren gegangen ist.

Eine der größten und am weitest verbreiteten Führungsschwächen ist die Unfähigkeit zum Dialog. Die wenigsten Führungskräfte erfüllen alle Voraussetzungen zum Dialog, sodass dieser entweder gar nicht erst zustande kommt oder aber sehr schnell scheitert. Der Dialogverlust verläuft in diesem Bereich auf folgende Weise: In den meisten Fällen nimmt die Führungskraft zu Beginn die A-Position ein und das Team die Position B – aber auch die umgekehrte Konstellation ist möglich.

Über den fehlenden Dialog mit der Führung erschöpft sich das Team zusehends und begibt sich nach und nach in die Position des inneren Rückzugs.

Die Machtausübung der Führungskraft A führt zum inneren Rückzug des Teams B.

Hierbei gehen nacheinander auch aufseiten des Teams die Voraussetzungen zum Dialog verloren: Augenhöhe, Offenheit, Empathie, Respekt und Interesse.

Nicht selten entwickelt sich dann eine Dynamik, die mit der Vertauschung der Positionen endet: Das Team beginnt, sich an seiner Führung für die Situation zu rächen – ob es sich gegen die Führung verbündet und diese immer mehr auflaufen lässt oder die Zusammenarbeit offen verweigert und die Führung diskreditiert – die Wege sind vielfältig, aber am Ende steht immer die Umkehrung der Machtverhältnisse: Die Führung nimmt die ohnmächtige B-Position ein, während das Team in die A-Position geht.

Interessanterweise ist in dieser Situation die Selbstwahrnehmung aller Betroffenen identisch: »Ich bin das Opfer.« Sowohl Führung als auch Team erleben sich in der B-Position. Beide Parteien ziehen sich in eine passive Erwartungshaltung zurück und klagen ihr Gegenüber an.

Anstatt Verantwortung zu übernehmen, wird die Schuldfrage gestellt, der Konflikt eskaliert und das Team nebst Führung werden immer handlungsunfähiger.

Für Mitarbeiter und Führungskräfte gleichermaßen führt der Weg in die Konfliktlösung immer über die Frage nach der eigenen Verantwortung und die Beendigung des beliebten »Fingerpointings«. Nur wer eigenverantwortlich denkt und handelt und aufhört, auf den anderen zu zeigen, kann die Augenhöhe wieder zurückgewinnen und in ein konstruktives Handeln finden.

Will ein ausgebranntes Team an seiner Resilienz arbeiten, so gilt es zunächst für jeden Beteiligten anzuerkennen, dass er als Teil des gescheiterten Systems auch das Scheitern mitverantwortet. Solange nicht alle Beteiligten bereit sind, den eigenen Anteil an der Situation zu erkennen und die Verantwortung zu übernehmen, kann die Krise nicht überwunden werden. Die Erkenntnis »Solange ich im System bin, bin ich Teil des Systems – das heißt, ich beeinflusse das System durch mein Handeln und Nicht-Handeln« ist für eine erfolgreiche Kooperation ebenso entscheidend wie der Dialog.

> Erst wenn alle Beteiligten bereit sind, Verantwortung zu übernehmen, besteht die Chance, eine Krise zu überwinden – und darüber auch die Möglichkeit, das System zu verändern.

In den Anfängen liegt alles begründet

Wenn Teams in eine Krise geraten sind, dann stellt sich in den meisten Fällen während der Beratung heraus, dass die Ursache bereits in den Anfängen zu finden ist. »In den Anfängen liegt alles begründet« – dieser Grundsatz gilt auch für Teams. Jeder Anfang eines Teams, aber auch jeder Neuanfang innerhalb eines bestehenden Teams – und dazu zählt zum Beispiel auch ein Führungswechsel – braucht den Dialog. Nur im Dialog lernt man sich kennen und schafft das notwendige Fundament für eine konstruktive Zusammenarbeit. Wer bin ich? Wer bist du? Und wie können wir aus diesem Ich und Du welches konkrete Wir entwickeln? Diese alles entscheidenden Fragen müssen immer zu Beginn in Ruhe im Dialog geklärt werden.

Wenn dies nicht erkannt und getan wird, dann sind Teams früher oder später zum Scheitern verurteilt. Der folgende Weg in die Erschöpfung und in die Krise folgt dem bekannten Muster: Häufig kommt der Dialog zu Beginn nur aufgrund einer fehlenden Voraussetzung nicht zustande, worüber dann sukzessive auch die anderen Voraussetzungen verloren gehen und so der Weg in die Krise geebnet wird. Ist es zunächst oft nur die fehlende Offenheit, die einen Dialog verhindert, gehen in der Erfahrung der dadurch nicht stattfindenden Begegnung und einer damit scheinbar unmöglichen Kooperati-

> Wer nicht in einer Krise enden will, der sollte sowohl im beruflichen wie auch im privaten Bereich darauf achten, auf die erste Störung innerhalb einer Begegnung zu reagieren – und diese ist immer der nicht stattfindende Dialog.

on zunächst die Augenhöhe, dann das Interesse, die Empathie und schließlich der Respekt verloren.

Leider erkennen Betroffene oft erst zu spät, dass die von ihnen kritisierten Situationen gar nicht verhindert werden konnten, weil die Ausgangssituation nicht stimmig war.

Zeit

Jede Krise beginnt mit einem Konflikt und jeder Konflikt beginnt mit einer Störung. Und die erste Störung ist immer der nicht stattfindende Dialog. Wissen Sie, wie die Antwort fast aller Betroffenen aus gescheiterten Teams ausfällt, wenn ich frage, warum sie nicht auf die erste Störung reagiert und die Missstände von Beginn an angesprochen haben? »Weil wir einfach so wenig Zeit haben. Wir haben ein operatives Geschäft zu leiten, und da kann man nicht jeder Störung nachgehen. Man hofft eben, dass es sich von selbst regelt.«

Lassen Sie mich an dieser Stelle einwenden, dass Störungen sich niemals von selbst regeln und dass der Aufwand, aus dem Rückzug wieder in den Dialog zurückzukehren, um ein vielfaches höher ist als der Aufwand, eine Störung zu klären. Die Folgen des Dialogverlustes sind zum Teil dramatisch.

Ich erinnere mich an ein Team, das so in einer Abwärtsspirale gefangen war, dass am Ende aller gegenseitiger Respekt und damit verbunden das Selbstwertgefühl und Selbstbewusstsein aller Mitarbeiter verloren gegangen waren – bis das Team schlussendlich handlungsunfähig war. Der Aufwand, diese Situation aufzulösen, betrug drei Monate intensiver Arbeit.

Machen Sie sich immer bewusst, dass es immer schwerer wird, wieder in den Dialog zurückzufinden, je mehr Voraussetzungen Sie verloren haben. Reagieren Sie frühzeitig auf eine Störung und achten Sie darauf, dass die Voraussetzungen für den Dialog in Ihrem Team erfüllt sind und bleiben. Das ist nicht nur das Beste, was Sie für sich selbst, sondern auch für Ihr operatives Geschäft tun können. Führungskraft und Mitarbeiter stehen hier beide in der Bringschuld. Die Führungskraft muss nicht kraft ihrer Position, sondern kraft des Dialoges ihre Mitarbeiter inspirieren und leiten und die Mitarbeiter müssen mündig genug sein, dafür zu sorgen, bei ihrer Führung den Dialog auf Augenhöhe einzufordern. Nur so kann erfolgreiche Kooperation gelingen, die alle Beteiligten miteinbezieht.

Wir brauchen ein gesundes berufliches Umfeld, um psychisch stark zu bleiben. Ein großer Anteil an psychischer Erschöpfung liegt in konfliktreichen beruflichen Situationen begründet.

Systeme

Für psychische Widerstandskraft und Stärke ist es nicht nur notwendig, anderen Menschen im Dialog zu begegnen, sondern auch den Systemen, in denen wir uns befinden, bewegen und leben.

Häufig – und meist unbemerkt – erschöpfen sich Betroffene an und in Systemen, weil sie diesen nicht im Dialog auf Augenhöhe begegnen.

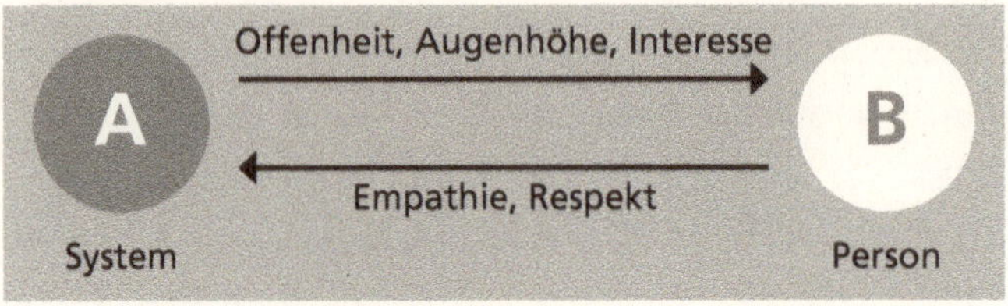

Sie brauchen die Augenhöhe und die Offenheit einem System gegenüber, um zu erkennen, wie es tatsächlich funktioniert. Je mehr Sie sich einem System gegenüber verschließen, umso weniger können Sie es erfassen und umso mehr werden Sie von ihm ent- und getäuscht werden.

Interesse ermöglicht es Ihnen, dem System gegenüber offen zu bleiben und es dementsprechend einzuschätzen und aktiv mitzugestalten.

Wer dem System gegenüber uninteressiert und respektlos ist, der wird früher oder später auch sich selbst gegenüber die Augenhöhe und den Respekt verlieren – weil er in einem System bleibt, welches er insgeheim verachtet.

Jedes System ist ein Lebensraum – und der Dialog mit dem System, dem Sie angehören, ist eine Grundvoraussetzung für Resilienz.

Sie sollten um das System wissen, in dem Sie sich befinden – ansonsten ist die Gefahr groß, dass Sie an ihm scheitern und in ihm untergehen werden.

Wenn Menschen sich psychisch erschöpfen, dann auch, weil sie den Dialog zu dem System verloren haben, in dem sie sich befinden. Dies hat meist zwei Gründe: Entweder verharren die Betroffenen in einem System, das ihnen eigentlich widerspricht, aber es fehlt ihnen an Mut und Selbstbewusstsein, sich daraus zu befreien.

Oder sie sind nicht bereit anzuerkennen, dass das System nicht ihrem Willen unterliegt: Sie kämpfen einen vergeblichen Kampf gegen dessen Grenzen, anstatt herauszuarbeiten, wo ihre eigenen Grenzen verlaufen.

> Viele Betroffene scheitern, weil sie die Augenhöhe dem System gegenüber verloren haben und darüber zu Opfern des Systems geworden sind. Wer sich als »Opfer eines Systems« betrachtet, die B-Position einnimmt und sich entsprechend verhält, der wird an dem System scheitern. Die Frage nach dem System ist gerade im beruflichen Bereich von Bedeutung – denn häufig erschöpfen sich Menschen an dem System ihres Unternehmens.

Resilientes Leben heißt, einen einfachen Grundsatz zu befolgen: Ich begegne dem System, in dem ich mich befinde, im Dialog und auf Augenhöhe – und wenn mir dies nicht möglich ist, verlasse ich es und suche mir ein neues.

Wer in einem System ausharrt, das er ablehnt, erschöpft sich und verliert sukzessive seine innere Kraft.

Mit dem System im Dialog zu sein heißt, dem System offen auf Augenhöhe zu begegnen, es zu erkennen und zu verstehen.

Auf dieser Grundlage gilt es, sich folgende Frage zu stellen: Erfüllt das System die für mich wesentlichen Bedingungen – Voraussetzungen, die ich für mein wesentliches Leben brauche?

Worauf bin ich bereit zu verzichten – und wo verlaufen meine Grenzen? Diese Fragen sollte jeder Betroffene sich im Sinne der eigenen Resilienz beantworten.

Psychische Widerstandskraft zu entwickeln bedeutet, fähig zu werden, tatsächliche Grenzen zu erkennen. Grundsätzlich verläuft die Grenze dort, wo das eigene Leben bedroht ist – nicht nur physisch, sondern auch psychisch. Das psychische Leben ist dort bedroht, wo die Integrität und die Identität eines Menschen verletzt werden. Die Grenze ist nicht dort, wo der eigene Wille zu finden ist.

Resilienz heißt, die eigene Integrität, nicht aber den eigenen Willen zum Maßstab zu machen, und umfasst die Fähigkeit zu gesunden Kompromissen und die Fähigkeit zu Verzicht.

> Resilienz bedeutet nicht, dass der eigene Wille zum Maßstab gemacht wird.

Wer Teil eines funktionierenden Systems ist und bleiben will, der braucht die Bereitschaft, sich gegebenenfalls zu verändern und mit dem System zu wachsen – ohne dabei jedoch seine Identität und Integrität zu verletzen.

Lebenssituationen

»Leben heißt: Das, was ist – ob ich es will oder nicht.«

Das Dialogmodell lässt sich auch auf das Leben an sich anwenden. Resilient sein heißt auch, mit dem Leben im Dialog zu sein und zu bleiben – trotz Höhen und Tiefen, die dieses bietet. Viele Betroffene verlieren den Dialog, wenn Sie mit den Schattenseiten des Lebens konfrontiert werden – dabei brauchen sie ihn gerade in solchen Momenten dringender denn je, um das

> Viele Menschen verlieren den Dialog dem Leben gegenüber, weil sie das Leben nicht als das anerkennen, was es ist.

Leben zu meistern. Stattdessen nehmen sie die B-Position ein und begeben sich in den inneren Rückzug – sodass eine schwierige Situation sich unweigerlich zu einer Lebenskrise auswächst.

Eine Person nimmt aufgrund einer bestimmten Lebenssituation die B-Position ein und begibt sich in den inneren Rückzug.

Wenn Betroffene innerhalb einer schwierigen Lebenssituation die B-Position eingenommen haben und sich im inneren Rückzug befinden, wird die Situation sich zu einer Krise auswachsen.

Anstatt der Situation zu begegnen, fliehen die Betroffenen vor ihr und nehmen sich darüber jede Möglichkeit, sie zu lösen.

Resilienz heißt, im Dialog zu bleiben – und jeder Lebenssituation entsprechend zu begegnen: auf Augenhöhe, mit Offenheit, Respekt und Interesse.

Menschen, die über geringe Resilienz verfügen, haben dem Leben und sich selbst gegenüber die Augenhöhe verloren. Sie machen sich zum Opfer des Lebens – anstatt ihr Leben in die Hand zu nehmen und es so, wie es ist, aktiv zu gestalten.

Es gibt zwei Möglichkeiten dem Leben zu begegnen – entweder kämpfen Sie dagegen an – oder Sie akzeptieren, wie es ist, und machen das für Sie Bestmögliche daraus. Erst wenn Sie akzeptieren, dass es im Leben Grenzen gibt, werden Sie auch die Möglichkeiten ausschöpfen können, die es Ihnen bietet.

> Wer gegen das Leben ankämpft, wird es nicht aktiv gestalten können. Anstatt im Leben anzukommen, wird er sich darin verlieren.

Resilientes Leben heißt, das eigene Leben zu gestalten – aus den Möglichkeiten und den Unmöglichkeiten, die das Leben Ihnen zur Verfügung stellt. Menschen, die über Resilienz verfügen, erkennen das Leben in seinen Grenzen an. Sie halten sich nicht an dem auf, was unmöglich ist, sondern sie nutzen das Mögliche und gehen weiter. Sie gehen mit dem Leben mit.

Menschen, die in eine Lebenskrise abrutschen, haben dem Leben gegenüber eine entscheidende Voraussetzung zum Dialog nicht erfüllt: Ihnen fehlt es an Respekt.

Wer das Leben nicht respektiert, der wird die Augenhöhe verlieren und dem Leben gegenüber nicht mehr offen sein können. Er wird ohnmächtig stehen bleiben und sich in seiner Ohnmacht immer ängstlicher verschließen.

Er wird im Leben verlieren und das Leben verlieren.

»Ich will nicht einsehen, dass das Leben mir meinen Freund genommen hat.«

> Oft verlieren Menschen über einer schwierigen Situation dem Leben gegenüber die Augenhöhe und die Offenheit – weil sie nicht respektieren wollen, dass das Leben ist, wie es ist.

»Ich will nicht einsehen, dass meine Partnerschaft längst vorbei ist.«

»Ich will nicht akzeptieren, dass das Leben mir ein eigenes Kind vorenthält.«

»Ich will nicht akzeptieren, dass mein Unternehmen in die Insolvenz gegangen ist.«

Diese Liste ließe sich endlos fortsetzen.

In der Verweigerung verlieren die Betroffenen die Augenhöhe, fühlen sich immer kleiner und hilfloser und werden der Lebenssituation gegenüber immer ohnmächtiger.

»Mir fehlte der Respekt gegenüber dem Leben«, erinnerte sich eine Personalerin. »Ich wollte nicht anerkennen, dass das Leben mir diese Krankheit zugemutet hatte. Ich fing an, das Leben dafür zu hassen, und verlor darüber immer mehr die Augenhöhe. Erst die Akzeptanz der Situation hat mich zu meiner Stärke zurückfinden lassen und einen Weg aus der Krise ermöglicht.«

»Ich glaube«, sagte die Mutter eines kranken Mädchens, »es ist notwendig anzuerkennen, dass das Leben ist, wie es ist – je mehr ich dagegen ankämpfte, umso mehr verlor ich an Kraft.«

»Früher dachte ich, Grenzen seien dazu da, um überschritten zu werden«, erzählte ein Manager. »Inzwischen habe ich gelernt, sie anzuerkennen.«

»In dem Moment, da ich akzeptiert habe, dass das Leben stärker ist, als ich es bin, fand ich wieder zu meiner Kraft«, berichtete ein Unternehmer. »Heute kann ich dem Leben stark begegnen.«

Wer sich die Frage nach Resilienz stellt, der sollte sich immer auch die Frage stellen, ob er mit dem Leben im Dialog steht. Ob er dem, was das Leben für ihn bereithält, offen gegenübertritt und allem, was ist, auf Augenhöhe begegnet. Wer dem Leben aus der B-Position heraus begegnet, der wird Krisen genauso wenig überwinden können wie derjenige, der die A-Position einnimmt und versucht, das Leben dem eigenen Willen zu unterwerfen.

Das Leben ist kein Wunschkonzert – und es stellt auch nicht die Frage nach Gerechtigkeit. Das Leben ist das Leben – ob wir wollen oder nicht. Die einzige Chance, die wir haben, ist, es nach unseren Möglichkeiten zu nutzen.

> Wer sich die Frage nach Resilienz stellt, der sollte sich immer auch die Frage stellen, ob er mit dem Leben im Dialog steht.

Wer dies nicht bereit ist zu erkennen und dem Leben nicht mit Respekt und tiefer Akzeptanz begegnet, wird sich im Widerstand erschöpfen und in der Resignation enden.

»Inzwischen weiß ich«, berichtete eine Anwältin, »dass ich die Fähigkeit der Akzeptanz brauche, um Kraft für die Überwindung schwieriger Situationen zu gewinnen. Erst als ich begann, das Leben zu akzeptieren, wurde ich stärker. Etwas zu akzeptieren macht dich nicht klein, im Gegenteil, du wächst daran.«

»Es war die fehlende Akzeptanz, die mich schließlich in die Resignation führte. Das war ein richtiger Teufelskreis. Weil ich die Grenzen des Lebens nicht anerkannte, verkannte ich auch, welche Möglichkeiten es für mich bereithielt«, erzählte eine Personalberaterin. »Am Ende ist es diese Erkenntnis, die ich für mich gewonnen habe: Resilienz heißt, das Leben zu bejahen, wie es ist – selbst wenn ich es lieber anders hätte.«

Sich selbst gegenüber

Resilienz braucht nicht nur den Dialog mit unserer Umwelt, sondern auch den den Dialog mit uns selbst. Nur wer in der Lage ist, mit sich selbst in den Dialog zu treten und widerstreitende Wünsche und Haltungen in sich zu vereinen, der hat eine Grundlage für Stärke, innere Widerstandskraft und ein gesundes Leben. Fehlt der Dialog zu sich selbst, gelingt er auch nicht mit anderen.

Menschen, die sich in ihrem Leben erschöpfen, liegen mit sich selbst im Kampf. Hier herrschen zwei Muster vor:

1. Den Betroffenen gelingt es nicht, zwei widerstreitende Positionen – »die beiden Seelen, die in einer Brust ruhen« – miteinander zu vereinbaren, und so erschöpfen sie sich in einem widersprüchlichen Leben. Sie gleichen Autofahrern, die mit angezogener Handbremse Vollgas geben.

»Ich will mich von meinem Mann trennen, aber gleichzeitig will ich meine Sicherheit nicht aufgeben.«

»Ich will meinen Job aufgeben, aber ich will nicht riskieren, mein Haus zu verlieren.«

»Ich will diesen Job, aber ich will nicht so viel reisen.« Die Beispiele sind unerschöpflich.

Menschen, die über geringe psychische Widerstandskraft verfügen, verlieren ihre Kraft in einem unentschiedenen Ja. Sie leben das sogenannte »Ja – aber«-Leben. Ihre Seelen wirbeln dabei umher wie Blätter im Wind und kommen so nicht zur Ruhe.

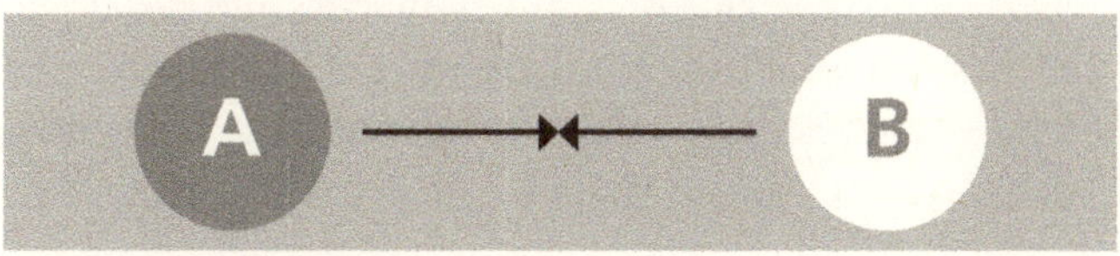

Zwei unterschiedliche Positionen stehen sich innerlich gleich stark gegenüber und können nicht vereinbart werden.

2. Der zweite Mechanismus, an dem sich Betroffene erschöpfen, ist, dass sie ein nicht authentisches Leben leben, welches ihnen in ihrer eigentlichen Identität widerspricht.

In diesem Fall nimmt das, was die Betroffenen ausmacht, ihr wahres Wesen, die B-Position ein – während Vorstellungen, denen sie sich unterwerfen, in der A-Position dominieren.

Resilientes Leben heißt, alle Seelen in einer Brust zu vereinen. Voraussetzungen dafür sind die Fähigkeit, auch sich selbst gegenüber Kompromisse einzugehen, und die Bereitschaft, wenn nötig Verzicht zu üben.

Die Vorstellung von sich selbst dominiert in der A-Position die wahre Identität und treibt diese in die Erschöpfung.

Indem Betroffene ihr wahres Selbst unterdrücken, schwächen sie sich in ihrer Identität und treiben sich selbst in die Erschöpfung.

Ob es die Vorstellung ist, etwas Bestimmtes im Leben erreichen, besitzen oder darstellen zu müssen – die Selbstbilder und die damit verbundenen Ansprüche sind vielfältig. Ihre Folgen sind hingegen identisch: Die Betroffenen verlieren Kraft und Energie, indem sie sich falschen Vorstellungen unterwerfen.

Resilientes Leben heißt nicht nur, mit seinem Umfeld und dem Leben im Dialog zu sein, sondern immer auch mit sich selbst. Es heißt, ein authentisches Leben zu leben, das dem eigenen Wesen entspricht. Der innere Dialog ist entscheidend für die psychische Gesundheit eines jeden Menschen. Ist er nicht vorhanden, so besteht eine permanente Schwächung unserer psychischen Widerstandskraft.

Der innere Dialog

Wenn Menschen zu mir in die Beratung kommen, um an ihrer Resilienz zu arbeiten, so ist der innere Dialog in den meisten Fällen nicht vorhanden. Der innere Dialog ist Dreh- und Angelpunkt, wenn es um die Stärkung der eigenen Resilienz geht. Er ist nicht nur Grundlage und Voraussetzung für ein authentisches Leben, sondern er ist auch die Grundlage dafür, um mit der Welt in den Dialog zu treten. Wir haben bisher einiges über den äußeren Dialog erfahren. Dieser kann jedoch nur dann gelingen, wenn er auf der Grundlage des inneren Dialoges geführt wird. Ohne inneren Dialog kann kein äußerer Dialog entstehen, denn der innere Dialog ist die Grundlage für ein Gegenüber im Außen. Wer nicht mit sich selbst im Dialog steht, wer nicht weiß, wer er ist, der ist auch nicht dazu in der Lage, der Welt auf Augenhöhe zu begegnen und für sich selbst erfolgreich einzustehen.

Was meint der innere Dialog?

Wenn die Rede vom inneren Dialog ist, denken viele Menschen zunächst, es handele sich um ein inneres Zwiegespräch – das ist aber nicht ganz richtig. Der innere Dialog meint, im Kontakt mit sich selbst zu sein, und symbolisiert das innere Gleichgewicht. Mit sich im Dialog zu sein heißt, in sich zu ruhen, die innere Mitte gefunden zu haben, das zu tun, was dem eigenen inneren Wesen entspricht, man selbst zu sein.

»Innerer Dialog?«, fragte mich ein Partner einer Wirtschaftsprüfungsgesellschaft während einem meiner Vorträge. »Was meinen Sie damit? Gibt es dafür nicht irgendeine Benchmark?«

Woran kann ich erkennen, dass ich mit mir im Dialog bin? Diese Frage stellen sich viele, die sich das erste Mal mit dem Dialogprinzip – und im Zuge dessen auch mit sich selbst – beschäftigen.

So verschieden Menschen sind, so verschieden sind auch die möglichen Antworten auf diese Frage – und so kann sie nur individuell, von jedem Betroffenen selbst, beantwortet werden. Sie ist aber entscheidend für die eigene Gesundheit und Widerstandsfähigkeit. Jeder, der gesund und widerstandsfähig werden will, muss wissen, was der innere Dialog für ihn persönlich bedeutet – und er braucht Kriterien, die ihm helfen zu erkennen, ob er sich im inneren Dialog befindet.

> Gerade wer dazu neigt, sich im Gegenüber und in der Welt zu verlieren, sollte bewusst an seiner inneren Dialogfähigkeit arbeiten.

Wie wir Menschen tatsächlich sind, zeigt sich in Stresssituationen und unter Belastung – in diesen Momenten handeln wir nicht bewusst, sondern unbewusst. Dann zeigt sich, was ist und was nicht, unabhängig von Vernunft, Verstand und guten Vorsätzen. Das heißt im Umkehrschluss, dass Dialogfähigkeit verinnerlicht wer-

> Es gilt, die Dialogfähigkeit zu einer unbewussten Fertigkeit zu machen – und nicht zu einem guten Vorsatz oder einer Handlungsvorgabe, die man zu beachten hat.

den muss: Sie muss zu einer unbewussten selbstverständlichen Haltung werden, damit sie in entscheidenden Situationen zum Tragen kommt. Dies erfordert wie jede andere Fortentwicklung regelmäßiges Training. Übung macht auch hier den Meister.

Vor diesem Hintergrund gilt es zu trainieren, tagtäglich an den Voraussetzungen des inneren Dialoges zu arbeiten – so lange, bis diese Ihnen »in Fleisch und Blut übergegangen sind«.

Voraussetzungen für den inneren Dialog

Welche Voraussetzungen für den inneren Dialog notwendig sind, möchte ich Ihnen im Folgenden beschreiben. Denken Sie daran, dass der Weg dorthin immer ein individueller ist, der Ihnen von niemandem abgenommen werden kann und den nur Sie persönlich gehen können. Die Kriterien werden Ihnen dabei helfen, ersten Kontakt zu sich aufzunehmen, und können Ihnen als Orientierungspunkte dienen, um auf der richtigen Spur zu bleiben.

Interesse

»Ob ich mich für mich interessiere?«, fragte ein junger Manager zu Beginn einer Beratung, die er aufgrund einer wachsenden Angststörung aufsuchte. »Wie definieren Sie Interesse?«

»Ich bin gerade etwas lost«, entgegnete eine Führungskraft auf meine Ausgangsfrage. »Was meinen Sie denn genau mit Interesse?«

Wer sich nicht für sich selbst interessiert, der wird gar nicht erst versuchen, in Beziehung zu sich zu treten, geschweige denn, in den inneren Dialog zu finden. Für viele Betroffene hört der innere Dialog schon dort auf, wo dieser seinen Anfang hat: beim Interesse für sich selbst. Haben Sie sich einmal gefragt, ob Sie sich selbst mit Interesse begegnen? Und worin sich echtes Interesse äußert? Interessieren Sie sich für sich – so wie Sie sind? Oder interessiert Sie mehr, ob Sie funktionieren? Behandeln Sie sich selbst als Mittel zum Zweck? Oder sind Sie daran interessiert, wer Sie wirklich sind?

Für viele Betroffene hört der innere Dialog schon dort auf, wo dieser seinen Anfang hat: beim Interesse für sich selbst.

Diese Fragen gilt es auf dem Weg zum inneren Dialog für sich zu beantworten.

Wie entwickelt man Interesse für sich selbst?

Sich für sich selbst zu interessieren heißt übersetzt, sich verstehen zu wollen. Neugierig auf sich selbst zu sein. Lust auf sich selbst zu haben. Sich erfahren und kennenlernen zu wollen.

Der Grundstein für echtes Interesse wird in den ersten Lebensjahren gelegt.

Der Grundstein für echtes Interesse wird in den ersten Lebensjahren gelegt.

Hinter fehlendem Eigeninteresse verbergen sich gemeinhin zwei Muster: Entweder haben die Betroffenen nie gelernt, sich für sich selbst zu interessieren, weil sich während ihrer ersten Lebensjahre niemand für sie interessiert hat, oder sie befinden sich bereits in der Phase der Erschöpfung oder des inneren Rückzugs, nachdem sie sich selbst über Jahre hinweg vernachlässigt haben.

»Ich habe meine Interessen jahrelang ignoriert und meine Bedürfnisse unterdrückt«, berichtete eine Anwältin, »sodass ich am Ende jedes Interesse für mich selbst verloren hatte.«

»Eigentlich habe ich mich mein ganzes Leben lang nach den Vorstellungen anderer gerichtet«, sagte eine Unternehmensberaterin. »Es war überhaupt nicht von Interesse, was eigentlich mit mir los war.« – »Ich hatte gar keine Zeit, mich für mich zu interessieren«, erinnerte sich ein aufgrund eines Burn-outs krankgeschriebener Angestellter. »Und nun sitze ich zu Hause und weiß nichts mit mir anzufangen.«

Das Gefühl, sich nicht mehr für sich selbst zu interessieren, nicht mehr wissen zu wollen, was einen bewegt, ist für viele Betroffene erst einmal erschreckend. Viele stehen sich selbst sprachlos gegenüber und haben das Gefühl, in einen dunklen Raum zu blicken. Verlorenes Interesse sich selbst gegenüber ist das unmissverständliche Zeichen, dass der Betroffene sich in der letzten Phase des Dialogmodells, im inneren Rückzug sich selbst gegenüber befindet. Der erste Schritt, um in den Dialog zu finden, heißt zu beginnen, sich aktiv für sich zu interessieren.

Selbstreflexion
Wenn Sie das Interesse an sich selbst verloren haben, gilt es, Schritt für Schritt herauszufinden, wer Sie sind und was gut ist für Sie. Gehen Sie auf sich zu, so wie Sie auf eine andere Person zugehen würden, die Sie kennenlernen wollen. Wer bin ich? Was ist gut für mich? Was entspricht mir? Oft ist es hilfreich, sich an Interessen zu erinnern, die Sie einmal gelebt und dann aufgegeben haben – und diese wieder aufzunehmen.

Empathie

Empathie ist nicht nur für den äußeren Dialog, sondern auch für den inneren Dialog entscheidend.

Wer sich selbst gegenüber nicht empathisch ist, der wird sich selbst nicht wirklich begegnen können. Fehlende Empathie sich selbst gegenüber ist eine zentrale Ursache für die Unfähigkeit, Krisen zu bewältigen. Eine Krise zu bewältigen heißt, sich selbst zur Seite zu stehen – und sich selbst zur Seite stehen heißt, sich in allem, was ist, in jeder Lebenssituation und in jeder Lebenslage, in schwachen und starken Momenten, zu verstehen und zu akzeptieren. Es heißt, sich selbst zu fühlen – und auf dieser Grundlage verstehen zu lernen.

Betroffenen, die sich in ihrem Leben erschöpfen, fehlt dieses Verständnis für sich selbst. Sie stehen sich häufig emotional wortlos oder sprachlos gegenüber oder aber sie begegnen sich selbst mit einer ausge-

> Empathie ist eine zentrale Voraussetzung, um sich zu öffnen. Nur wer empathisch ist, kann sich selbst auf Augenhöhe und mit Wertschätzung begegnen.

prägten inneren Härte. Empathie sich selbst gegenüber heißt, bei sich zu bleiben und sich verstehend gut zu sein – in jeder Situation.

Wem die Empathie sich selbst gegenüber fehlt, dem fehlt gleichsam die Heizung im eigenen Haus. Ohne Wärme wird sich niemand wirklich öffnen. Empathie ist eine wichtige Voraussetzung dafür.

Selbstreflexion

Wer an der Empathie sich selbst gegenüber arbeiten will, der sollte sich fragen, ob er bereit ist, sich in allem, was er tut, zu verstehen. Empathie zu entwickeln heißt, sich immer wieder bewusst zu machen, wo man steht. Es heißt, bewusst Verständnis für sich zu üben und sich von jeder Selbstverurteilung zu verabschieden.

Wenn Sie spüren, dass es Ihnen schwerfällt, Empathie für sich zu zeigen, dann nehmen Sie sich regelmäßig kurze Momente, in denen Sie innehalten und sich bewusst die Situationen oder die Seiten vor Augen führen, in denen Sie sich selbst nicht verstehen, für die Sie sich selbst möglicherweise schämen, ablehnen oder sogar verurteilen. Nehmen Sie Ihren Platz ein und fragen sich, wie Sie sich fühlen und was Sie denken. Sollte es Ihnen zu Beginn nicht gelingen, so können Sie auch eine vertraute Person um Hilfe bitten, von der Sie wissen, dass diese Sie versteht. Nutzen Sie den äußeren Dialog, um über das Verstehen Ihres Gegenübers sich selbst besser verstehen zu lernen.

Offenheit

Mit sich in den Dialog zu treten heißt, die Tür zu sich selbst zu öffnen.

Mit sich in den Dialog zu treten kann nur gelingen, wenn man offen für sich selbst ist. So wie der äußere Dialog nicht zustande kommt, wenn die Beteiligten ihre Türen verschlossen halten, so wird der innere Dialog unmöglich, wenn sie sich ihrem Inneren verschließen.

Interessanterweise gehört für viele Menschen mehr Mut dazu, sich selbst offen zu begegnen als ihrer Umwelt.

Ursache dafür sind verdrängte Minderwertigkeitsgefühle und tief sitzende Ängste, die den Betroffenen oft nicht einmal bewusst sind. Sie fürchten im tiefsten Inneren, »nichts« zu sein, und versperren sich deshalb den Zugang zu sich selbst. Wer aber sich selbst gegenüber verschlossen bleibt, kann nicht erfahren, wer er tatsächlich ist, und beraubt sich der Chance, der Welt mit substanzieller Stärke zu begegnen. In solchen Fällen spricht man von einem narzisstischen Persönlichkeitsmuster: Auf der Flucht vor sich selbst knallen die Betroffenen gleichsam ängstlich alle Türen hinter sich zu und bauen davor eine neues Bild von sich auf, das sich an der Vorstellung des grenzenlosen Superlativs orientiert. Nach diesem versuchen sie verzweifelt zu leben und erschöpfen darüber nicht nur sich selbst, sondern häufig auch ihr Umfeld.

Während einige Menschen sich selbst gegenüber vollkommen verschlossen sind, machen andere erst ab einem bestimmten Punkt »die Tür zu sich selbst zu«. Es ist meist der Moment, in dem eigene Schattenseiten und Schwächen erkannt werden. Anstatt an ihnen zu arbeiten, wird lieber schnell vor ihnen »dichtgemacht«. Überzeugungen wie »Das, was nicht sein darf, ist auch nicht« oder »So bin ich auf keinen Fall« verstellen den Blick auf sich selbst und nehmen den Betroffenen die Möglichkeit, angemessen zu handeln. Wer sich nicht so sieht, wie er ist, der wird auch nicht entscheiden können, was er braucht, und dementsprechend nicht für sich und seine Gesundheit sorgen können.

> Jeder von uns ist so stark, wie seine schwächste Seite ist. Resilienz basiert auf der Bereitschaft, eigene Schwächen zu erkennen und mit ihnen umzugehen.

Jeder von uns ist so stark, wie seine schwächste Seite ist. Resilienz basiert auf der Bereitschaft, eigene Schwächen zu erkennen und zu lernen, mit ihnen umzugehen. Wer an einem falschen Selbstbild festhält und es zu erfüllen sucht, macht sich ebenso angreifbar wie derjenige, der bestimmte Seiten von sich verleugnet. In einer Illusion gefangen bleiben beide schwach in der äußeren Begegnung und schwach im Handeln. Verunsichert werden sie kein starkes Gegenüber bieten können.

> Wer in den inneren Dialog finden will, der muss zunächst die Tür zu sich selbst öffnen – und von falschen Selbstbildern und fixen Vorstellungen Abschied nehmen.

Wer in den inneren Dialog und zur psychischen Stärke finden will, der muss die Tür zu sich selbst öffnen – und von falschen Selbstbildern und Vorstellungen Abschied nehmen. Wem dies gelingt, der wird erkennen, dass Identität nicht von dem abhängt, was wir sein wollen, sondern von dem, was wir tatsächlich sind. Er wird zu sich selbst finden und stark im Außen auftreten – egal, wie es um ihn herum stürmt und tobt.

Woran erkenne ich, dass ich mir selbst gegenüber offen bin?

Erinnern Sie sich an die Definition von Offenheit für den äußeren Dialog? Diese gilt auch für den inneren Dialog. Sie erkennen, ob Sie sich selbst gegenüber offen sind, wenn Sie sich nicht nur auf der rationalen, sondern auch auf der emotionalen Ebene offen begegnen. Das heißt, Sie erkennen sich nicht nur gedanklich, sondern Sie fühlen sich auch.

Weitere Kriterien einer offenen Haltung sich selbst gegenüber sind Interesse und das Bemühen, sich selbst zu verstehen. Viele Betroffene beschreiben noch eine weitere Möglichkeit: Um zu erkennen, ob sie offen sind, prüfen sie, ob sie in sich einen Widerstand spüren, und orientieren sich an diesem Gefühl. Fühlen Sie ganz bewusst in sich hinein und finden Sie heraus, wann Sie sich selbst gegenüber »dichtmachen«. Die meisten Menschen erleben diese Situationen so, als würden sie aufhören zu fühlen.

»Ich finde in solchen Momenten nur noch im Kopf statt«, berichtete eine Führungskraft. »Wenn es schwierig wird, verhärte ich innerlich richtiggehend«, erklärte mir ein Anwalt.

Selbstreflexion

Führen Sie sich immer wieder das Dialogmodell in den einzelnen Phasen vor Augen und erkennen Sie anhand der aufgeführten Symptome, wann Sie sich selbst gegenüber in den Widerstand gehen. Stellen Sie sich ganz konkret die Frage »Bin ich noch offen?« – und Sie werden sehen, dass nicht Ihr Kopf, sondern Ihr Bauchgefühl, Ihre Intuition Ihnen die richtige Antwort bietet.

Augenhöhe

Augenhöhe ist eine zentrale Voraussetzung für den Dialog. Ohne Augenhöhe ist eine Krisenbewältigung nicht möglich. Wer im Außen die Augenhöhe verliert, hat zuvor bereits die Augenhöhe sich selbst gegenüber aufgegeben.

Erinnern wir uns daran, dass es die subjektive Bewertung ist, die aus einer Situation Stress macht.

Nicht nur die Frage, wie wir die Situation und unser Gegenüber bewerten, entscheidet, ob wir auf Augenhöhe bleiben, sondern auch die Frage, wie wir uns selbst bewerten. Wer sich selbst als ohnmächtig erlebt, wird sein Gegenüber als übermächtig erleben. Die Wahrnehmung der Welt spiegelt umgekehrt unsere Selbstwahrnehmung: Wer sich klein, schwach und minderwertig fühlt, der setzt automatisch das Gegenüber in eine Machtposition. Das heißt, die Bewertung der eigenen Person ist Grundlage jeder Bewertung der äußeren Situation und des Gegenübers. Wer im Außen stark sein will, der sollte zuallererst einmal den Blick auf sich selbst richten. Er sollte sich fragen, ob er auf sich herab- oder zu sich aufschaut oder ob er sich auf Augenhöhe begegnet. Denn nur wer sich selbst auf Augenhöhe begegnen kann, ist auch dazu in der Lage, das Außen richtig einzuschätzen.

> Menschen verlieren sich in Krisensituationen, weil sie die Augenhöhe sich selbst gegenüber und damit den Blick für sich selbst verlieren. Wer im Außen die Augenhöhe verliert, hat sie zuvor sich selbst gegenüber verloren.

Menschen verlieren sich in Krisensituationen, weil sie die Augenhöhe sich selbst gegenüber verlieren. Je mehr, desto stärker wird das Gefühl der Ohnmacht und des Ausgeliefertseins.

Sich »richtig zu sehen« heißt, dazu in der Lage zu sein, mit sich in den Dialog zu treten. Offen für sich selbst zu sein und sich auf Augenhöhe zu begegnen. Nur wer sich auf Augenhöhe begegnet, kann erkennen und erfahren, wer er ist, und Krisen meistern.

Selbstreflexion

Haben Sie sich einmal gefragt, woran Sie erkennen, dass Sie die Augenhöhe sich selbst gegenüber verloren haben? Sie erkennen es, wenn Sie sich klein fühlen – oder aber übermächtig.

Die meisten Betroffenen versuchen, ein Gefühl von Bedeutungslosigkeit zu kompensieren, indem sie entweder ein illusionäres Selbst erschaffen oder aber ihr Umfeld so lange erniedrigen, bis es noch kleiner und bedeutungsloser erscheint, als sie selbst sich fühlen. Wenn Sie erkennen, dass Ihnen die Augenhöhe fehlt, dann sollten Sie sich auf die Suche nach der Ursache dafür machen und diese für sich aufarbeiten. Achten Sie auf Ihren Blick auf sich, wenn es um Ihre Schwächen geht. Machen Sie sich immer wieder bewusst: Augenhöhe ist eine selbstverständliche und bedingungslose Grundhaltung dem Leben und dem Menschen gegenüber – und Sie sind ein Mensch.

Woran Sie erkennen, dass Sie auf Augenhöhe sind? Auch hier ist der beste Indikator das Gefühl für sich selbst: Das Gefühl innerer Augenhöhe ist ein Gefühl innerer Ruhe und Klarheit, ein Gefühl des Aufrechtseins sich selbst gegenüber. Menschen, die sich auf Augenhöhe begegnen, kennen keine Selbstverachtung oder Selbstverliebtheit. Ihr Selbstbild basiert auf ruhiger Wertschätzung – womit wir bei der nächsten Grundvoraussetzung des inneren Dialoges angekommen wären.

Respekt und Wertschätzung

»Ob ich um meinen Wert weiß?«, fragte eine ITlerin, die sich aufgrund ihrer Unfähigkeit Grenzen zu ziehen, immer mehr an ihrem Arbeitsplatz erschöpfte. »Was meinen Sie damit?«

»Respekt mir selbst gegenüber?«, fragte ein Personaler. »Den habe ich wohl irgendwann im Laufe meiner Scheidung verloren.«

Befragt man Betroffene nach ihrem Wert und ihrem Respekt sich selbst gegenüber, so fällt den meisten die Antwort darauf schwer. Würde man Ihnen die Frage nach Ihrem Wert stellen, was würden Sie antworten? Sind Sie sich Ihres Wertes bewusst? Respektieren Sie sich?

Respekt und Wertschätzung sind gleichermaßen Voraussetzung wie Ausdruck des inneren Dialoges.

Wertschätzung heißt: sich in seinem Wert zu erkennen und sich anzunehmen, wie man ist. Dies äußert sich in folgender Haltung: »Gut, dass ich da bin. Schön, dass es mich gibt. Das heißt nicht, dass ich alles gutheiße, was ich tue. Aber mich, ich als derjenige, der ich bin, den heiße ich gut!«

Auf der Grundlage dieses bedingungslosen Jas gilt es, sich selbst zu begegnen, sich in seinem Wert zu erkennen, zu schätzen und anzunehmen.

Dialogfähigkeit setzt voraus, den eigenen Wert zu kennen und sich zu respektieren. Nur wer dies tut, wird auch dem Außen respektvoll begegnen – und mit Respekt behandelt werden. Wer um den eigenen Wert weiß, der muss ihm im Außen nicht nachjagen. Unabhängig von der Bestätigung anderer gelingt es ihm, wo nötig Grenzen zu ziehen und sich selbst zu schützen. Wer sich selbst respektiert und sich seines Wertes gewiss ist, wird sich automatisch und selbstverständlich nur in Situationen begeben, in denen man ihm angemessen begegnet. Verletzende und erniedrigende Situationen in Systemen oder Beziehungen wird er ohne Wut und ohne vergeblichen Kampf erhobenen Hauptes verlassen können. Aus dem selbstverständlichen Gefühl »Das ist nichts für mich« heraus wird er angemessen handeln können. Wer sich selbst angenommen hat, der wird für sich sorgen – weil er gar nicht anders kann, als selbstverständlich und selbstverantwortlich zu handeln. Auf dieser Basis von Wertschätzung entsteht erst die Fähigkeit zu einer echten Wertschätzung im Außen.

> Sich selbst wertzuschätzen und zu respektieren heißt, sich anzunehmen, wie man ist.

> Wertschätzung und Respekt sich selbst gegenüber sind eine Grundlage für den inneren Dialog, ein Schlüssel für die Bewältigung von Krisen und ein starkes Mittel für die Bewältigung des Lebens.

Menschen, die erschöpft zu mir in die Beratung kommen, weil sie so lange in schwierigen Situationen verharren, bis diese zur Krise werden, wissen nicht um ihren eigenen Wert, und häufig fehlt ihnen vor diesem Hintergrund der Respekt sich selbst gegenüber. Sie besitzen sich selbst gegenüber nicht die fundamentale Haltung des bedingungslosen Jas.

Ob es nun die Frau ist, die nicht genug Selbstwertgefühl hat, um sich aus einer Partnerschaft zu lösen, von der sie weiß, dass sie ihr schadet, oder der Mann, der sich in einer beruflichen Konstellation immer mehr verbrennt, weil er den eigenen Wert nur über Leistung definiert – wer sich in seinem Wert verkennt, sich nicht selbst annimmt, der läuft Gefahr, den Respekt vor sich selbst einzubüßen und sich darüber in bodenlosen Situationen zu verlieren, und so von einer Krise in die nächste geraten.

Selbstreflexion

Wie aber erfährt man seinen Wert? Wie findet man zu ihm, wenn man ihn verloren oder gar noch nie erfahren hat? Diese Fragen werden in den folgenden Kapiteln beantwortet. An dieser Stelle rate ich erst einmal zu einer Bestandsaufnahme. Fragen Sie sich selbst: Gehe ich respektvoll und wertschätzend mit mir um? Kann ich mich bedingungslos bejahen?

Zusammenfassung:

Der innere Dialog ist die Grundlage, um der Welt und dem Leben im Dialog zu begegnen. Interesse, Empathie, Augenhöhe, Offenheit, Respekt und Wertschätzung sind Voraussetzungen für und gleichzeitig die Schritte in den inneren Dialog – sie bauen aufeinander auf und bedingen sich gleichzeitig.

Wenn Sie sich nicht für sich interessieren und wertschätzend begegnen, werden Sie sich nicht öffnen. Ohne Augenhöhe ist Ihre Sicht eingeschränkt, und wenn Ihre Sicht eingeschränkt ist, können Sie weder erkennen noch verstehen. Gleichzeitig verliert die Empathie ihre Kraft, wenn sie nicht von Wertschätzung begleitet ist – ebenso wie die Augenhöhe die Wertschätzung braucht, um nicht verloren zu gehen. Wenn Sie sich also auf den Weg in den inneren Dialog machen, so seien Sie sich bewusst, dass der Weg dorthin ein übergreifender, sich selbst bedingender Prozess ist.

Menschen, die über Resilienz und innere Stärke verfügen, befinden sich im inneren Dialog mit sich selbst. Sie sind ohne Wenn und Aber offen sich selbst gegenüber und bereit zu erkennen, wer sie sind – und wer sie nicht sind. Sie kapitulieren nicht vor ihren Schwächen oder verurteilen sich für ihre Schattenseiten. Sie wissen um ihren Wert und begegnen sich ganzheitlich und respektvoll – auf Augenhöhe.

2. Kapitel

Das Elternhaus

Die Atmosphäre im Elternhaus

»Ihr nächstes Buch handelt von Resilienz?«, fragte ein Klient. »Das werde ich unbedingt lesen, denn die habe ich nicht, ich bin zu Hause abgelehnt worden.«

Wer sich die Frage nach psychischer Widerstandskraft und Gesundheit und damit die Frage nach Beziehungsfähigkeit stellt, der wird nicht umhinkommen, sich zu fragen, wo die Grundlage dafür gelegt wird. Wann und wo lernen wir, mit uns selbst und der Welt in Beziehung zu treten? Welche Voraussetzungen sind dafür nötig und welche psychischen Konsequenzen hat es für uns, wenn wir diese nicht erfahren haben? Diese Fragen gilt es zu beantworten, wenn wir uns auf den Weg zu unserer inneren Stärke machen wollen.

Beziehung beginnt dort, wo das Leben beginnt. Die Grundlage unserer Beziehungsfähigkeit wird in den ersten Lebensjahren im Elternhaus gelegt. Im Vordergrund stehen dabei nicht einzelne Situationen, die uns prägen, sondern die alltägliche Atmosphäre der Beziehungen, in denen wir aufgewachsen sind und die wir jeden Tag selbstverständlich erfahren haben. Je nachdem, wie unsere Bezugspersonen Beziehung gelebt haben, wie sie untereinander, mit sich selbst und mit uns als Kind in Beziehung getreten sind, haben wir gelernt, mit uns und der Welt in Beziehung zu treten.

Die ersten Jahre sind dafür die entscheidend prägenden, denn in dieser Zeit besitzt das Kind noch kein eigenes Ich. Es erlebt sich zunächst als eins mit der Umwelt und ist dieser grenzenlos ausgesetzt. »Ich bin die Umwelt und die Umwelt ist ich«, könnte das Empfinden eines Kindes lauten. Und je nachdem, wie es diese Umwelt wahrnimmt, entwickelt es ein »Gefühl für sich selbst«.

Das Kind spiegelt seine Eltern und verkörpert die zu Hause herrschende Atmosphäre, die es täglich in sich aufnimmt und seelisch einatmet. Je nachdem, wie ihm begegnet – oder nicht begegnet – wird, lernt es, sich selbst und dem Leben zu begegnen.

Es sind die ersten Lebensjahre, die darüber entscheiden, ob wir später lebendig oder tot, obwohl körperlich am Leben, sind. Es sind die ersten Jahre, die unseren psychischen Weg ins Leben bahnen – oder eben nicht.

In dieser Zeit entscheidet sich, wer wir später sein werden und wie wir dem Leben begegnen, ob wir passiv darin verharren oder ob wir es aktiv mitgestalten, ob wir uns von ihm treiben lassen oder ihm in seinen Höhen und Tiefen auf Augenhöhe begegnen.

Die seelische Geburt als Aufbruch in ein resilientes Leben

Menschen, die sich später in ihrem Leben erschöpfen, weil sie über geringe Resilienz verfügen, sind zwar in die Welt geboren worden, aber nicht wirklich zur Welt gebracht worden. Im Gegensatz zu Menschen, die über eine ausgeprägte Resilienz verfügen, sind sie nicht zum Leben erweckt worden und können vor diesem Hintergrund dem Leben nicht wirklich begegnen.

Folgt der körperlichen Geburt keine seelische, dann entsteht ein Defizit, das sich im späteren Leben sowohl psychisch wie körperlich auswirkt. Nur wer auch seelisch auf die Welt gebracht wird, lernt, der Welt stark und gesund zu begegnen. Den wenigsten Eltern ist bewusst, dass das eigentliche Leben nicht in dem Moment beginnt, in dem das Kind von der Mutter geboren wird, sondern in dem Moment, wo die Eltern das Kind in seinem Wesen erkennen und annehmen. Ein Kind zum Leben erwecken heißt, ihm so zu begegnen, dass es das eigene Leben entfalten und zum Ausdruck bringen kann, ihm alle Möglichkeiten zu geben, ein Leben zu leben, das seinem Wesen entspricht.

> Eltern haben nicht nur die Aufgabe, ihre Kinder körperlich zur Welt zu bringen, sondern auch seelisch.

Körperliches Leben wird im Kreißsaal geboren – das seelische im Elternhaus.

Was heißt seelische Geburt?

Wie die körperliche Geburt ist auch die seelische Geburt mit gewissen Voraussetzungen verbunden. Haben Sie sich einmal gefragt, was ein Kind braucht, um seelisch auf die Welt zu kommen?

Welche Voraussetzungen müssen erfüllt sein, um »seelisch atmen« und sich entfalten zu können?

Was braucht ein Kind, um psychische Widerstandskraft zu entwickeln?

Was können und müssen die Eltern tun?

Wissen Sie, was die Hebamme als Erstes tut, wenn der Säugling auf der Welt ist? Sie legt das Kind an die Brust der Mutter.

Der erste Impuls der Mutter? Sie will ihr Kind bergend in die Arme nehmen und an ihr Herz drücken. Und der erste Impuls des Kindes? Das Kind sucht sofort die Körpernähe der Mutter. Wissen Sie, welche Gefühle in dem Moment im Vordergrund stehen, wenn die Mutter ihr Kind das erste Mal sieht? Tiefes Glück und tiefe Liebe und die Freude: Schön, dass du da bist.

Diese Geburtssituation lässt sich ohne Weiteres auf die Situation der seelischen Geburt übertragen.

Es braucht nicht viel, um seelisch geboren zu werden, aber dieses wenige ist eine Grundvoraussetzung: bedingungslose Liebe, die erkennt, annimmt und bestätigt. Erkennen, Annahme und Bestätigung nicht nur am ersten Tag sondern an jedem Tag des Lebens.

Voraussetzungen der seelischen Geburt

Das Kind in seinem Wesen zu erkennen und anzunehmen setzt die Fähigkeit der Eltern zum Dialog voraus. Die alltägliche Atmosphäre des Dialoges ist die Grundlage für die seelische Geburt des Kindes. Das Kind braucht den erkennenden Blick und die Begegnung der Eltern, um sich selbst in seinem Wesen erkennen, sich selbst begegnen und sich erfahren zu können.

Damit es sich selbst richtig sehen lernt, braucht es Eltern, die ihm im Dialog begegnen – und gleichsam alle Voraussetzungen dazu erfüllen.

»Aber wie ist es möglich, einem Kind gegenüber Augenhöhe einzunehmen?«, fragte mich ein Student im Rahmen eines Seminars. »Das geht doch schon allein von der Größe her gar nicht.«

Warum eigentlich nicht? Augenhöhe heißt in diesem Fall, sich als Erwachsener auf die Höhe des Kindes zu begeben und ihm auf dieser zu begegnen – anders werden Sie Ihr Kind nicht vollständig sehen können. Stellen Sie sich die folgende Situation einmal bildlich vor: Sie werden das Gesicht Ihres Kindes nicht erkennen, wenn Sie auf Ihr Kind herabschauen. Auch dann nicht, wenn Sie sich vor ihm auf den Boden legen und zu ihm aufschauen. Wie wollen Sie wissen, wer Ihr Kind ist, wenn Sie ihm nicht direkt ins Gesicht sehen können? Wer seinem Kind von Angesicht zu Angesicht begegnen will, muss sich mit ihm auf Augenhöhe begeben – das gilt für eine alltägliche Gesprächssituation genauso wie für die psychische Begegnung. Die Augenhöhe ist Grundlage dafür, dass Ihr Kind seelisch wachsen kann und sich jeden Tag ein Stück mehr zu seiner vollen Größe entfalten kann. Besitzen die Eltern nur »eine Blickrichtung«, dann wird das Kind erstarren und auf dieser Ebene stehen bleiben.

Zu den wichtigsten Voraussetzungen der seelischen Geburt gehören neben der Augenhöhe Interesse und Offenheit. Offenheit heißt: Ich bin offen, dich so zu erfahren, wie du bist. Nicht ich bestimme, wer du bist und wer du sein wirst – das liegt allein bei dir, auch wenn du noch so jung bist. Das Einzige, was ich tun kann, ist, dich in der Begegnung mit dir kennenzulernen und dir durch dieses Erkennen zu helfen, dich zu entwickeln. Ich kann dir einen sicheren Rahmen bieten und dir die Grenzen aufzeigen, die du brauchst, um dich zu entwickeln.

Offenheit dem Kind gegenüber bedeutet: sich als Eltern nicht zum Maßstab zu machen, sondern dem Kind dazu verhelfen, ein eigenes Maß zu entwickeln – in der Begegnung mit dem Leben. Offenheit meint nicht, das Beste zu wollen, sondern das Kind zu wollen. Das Signal »Ich bin an dir interessiert« ist die Grundlage der Offenheit und bestärkt und ermutigt das Kind, sich zu äußern.

Auch in der Beziehung zwischen Eltern und Kind hat der »Platzwechsel« große Bedeutung.

Sich auf den Platz des Kindes zu setzen und ihn zu verstehen, als wäre es der eigene – jedes Kind braucht Eltern, die dazu in der Lage sind. Nicht nur, um alles gutzuheißen, sondern auch, um auf richtige Art und Weise zu begrenzen. Empathie gewährleistet nicht nur die bestätigende Unterstützung, sondern auch die notwendige bestätigende Begrenzung, die ein Kind für seine Entfaltung braucht. Sie gewährleistet, dass die Erfahrung notwendiger Grenzen nicht zur Ohnmacht führt, sondern zur Eigenermächtigung, denn sie sorgt dafür, dass in dem Nein zur Sache das Ja zur Person stets erhalten bleibt.

Wächst das Kind in einer Atmosphäre des Dialoges auf, dann lernt es von Beginn an, was Begegnung heißt. Augenhöhe, Offenheit, Empathie, Respekt und Wertschätzung sind dann selbstverständliche Werte, die das Kind automatisch – schon vor dem Sprechenlernen – verinnerlicht. Es lernt dadurch, sowohl sich selbst als auch der Welt selbstverständlich zu begegnen – mit allen Konsequenzen für seine innere Stärke, psychische Gesundheit und Widerstandskraft.

Viele Betroffene, die aufgrund von geringer Resilienz oder aufgrund von Erschöpfung zu mir in die Beratung kommen, beschreiben, dass diese Atmosphäre in ihrem Elternhaus gefehlt hat.

»Mir ist das Sprechen beigebracht worden und mit mir ist auch gesprochen worden«, sagte ein Manager, der den eigenen Gefühlen immer wieder sprachlos gegenüberstand, »aber begegnet worden ist mir nicht.«

»Offenheit?«, fragt eine erschöpfte Personalerin. »Meine Mutter wusste immer, was für mich richtig war – und sie hat es damit begründet, dass sie nur mein Bestes wollte.«

»Interesse?«, fragte ein depressiver Immobilienmakler. »Bei uns hat sich keiner wirklich für den anderen interessiert.« Er deutete auf das Foto seiner Mutter, das er mitgebracht hatte: »Sehen Sie sich diesen leeren Blick an. Meine Mutter konnte sich gar nicht für mich interessieren.«

»Eigentlich«, erklärte eine Anwältin, die sich immer mehr erschöpft hatte, »kann ich sagen, dass ich erst jetzt verstehe, warum ich so stumm war. Ich habe nie wirklich sprechen gelernt. Wissen Sie, was sprechen lernen eigentlich bedeuten müsste? Es müsste bedeuten, nicht nur die Worte zu lernen, sondern auch die Grundlage für das Sprechen. In dem Moment, in dem die ersten Worte erlernt werden, müsste automatisch der Dialog mitgelernt werden. Ich bin froh, dass ich das jetzt erkenne. So kann ich es bei meinem Sohn anders machen.«

»So, wie du bist, bist du gut«

Doch die Begegnung im Dialog reicht nicht allein, um das Kind seelisch auf die Welt zu bringen. Der erkennende Blick der Eltern verliert an Kraft und Bedeutung, wenn er nicht von bedingungsloser Liebe und Annahme geprägt ist. Wenn das Kind in der Begegnung spürt, dass es nicht nur erkannt, sondern auch geliebt und angenommen wird, wächst es in Geborgenheit heran. Wenn es tagtäglich in den Augen der Eltern liest: »So, wie du bist, bist du gut – schön, dass du da bist«, dann wird es sich freuen, dass es auf der Welt ist, und sich auf und über die Welt freuen.

> Der Dialog kann nur dann zur seelischen Geburt verhelfen, wenn er vom anerkennenden Blick der Liebe geprägt ist.

Psychische Widerstandskraft entsteht im erkennenden Dialog und erwächst aus bedingungsloser Liebe und Annahme – Liebe, die nicht alles gutheißt, aber die mich gutheißt, so, wie ich in meinem Wesen bin – die erkennt, die annimmt und mich an die Hand nimmt. So lange, bis ich mich selbst spüre und die Hand über mich selbst halten kann. So lange, bis ich

> Kinder brauchen den erkennenden Blick der Eltern, um sich selbst zu erkennen. Sie brauchen Liebe, um sich selbst zu erfahren, um sich selbst zu begegnen, sich entfalten und zeigen zu können.

meinen Weg selbst erkennen und alleine beschreiten kann. So lange, bis ich der Welt und dem Leben die Hand reichen kann.

Seelische Geburt basiert auf einem liebevollen Dialog aus Nehmen und Geben. Sie bedeutet: Ich gebe dir heute so viel, wie du brauchst, und morgen etwas weniger, denn morgen bist du schon etwas mehr du selbst geworden.

»So, wie man in den Wald hineinruft, so schallt es heraus«

Die Kinder sind Spiegel ihrer Eltern. Je nachdem, wie sie von ihren Eltern angesehen wurden, beginnen sie den Blick auf sich selbst zu richten – je nachdem, wie die Eltern ihnen begegnen, werden sie sich selbst begegnen – und auf dieser Grundlage der Welt begegnen.

Bin ich um meiner selbst willen erkannt, anerkannt und bedingungslos geliebt worden oder habe ich nur eine Funktion im Leben meiner Eltern erfüllt? Bin ich erkannt, verkannt oder sogar übersehen worden? Diese Fragen sind entscheidend für das spätere Selbstbild jedes Erwachsenen.

Je bedingungsloser die Annahme durch die Eltern war, desto authentischer wird das Kind in seinem Bezug zu sich selbst sein – je mehr die Annahme jedoch an Bedingungen geknüpft ist, umso weniger Chancen hat das Kind, Beziehung zu sich aufzunehmen und »es selbst« zu werden.

Hat die Annahme ganz gefehlt und überwiegend Ablehnung geherrscht, dann hat das Kind keine Möglichkeit, in Verbindung mit sich selbst zu treten, sich zu erkennen und in seinem Wesen zu erfahren – und wird dementsprechend eine nur geringe psychische Widerstandskraft entwickeln.

Wer abgelehnt wurde, wird sich später selbst ablehnen und dem Leben misstrauisch gegenübertreten oder verängstigt fernbleiben. Wer nur in der Leistung gesehen wurde, wird sich über Leistung definieren und nach diesem Prinzip leben. Wer sich aber willkommen fühlt, der wird es kaum abwarten können, ins Leben zu kommen. Der wird sich freuen, in die Welt hinauszuziehen und sie zu erkunden – denn die Welt wird ihm willkommen sein. Er wird der Welt aufrecht und resilient begegnen können, anstatt an ihr zu verzweifeln.

Auch die Beziehung der Eltern zueinander ist entscheidend für die Resilienz des Kindes, für den Umgang mit sich und der Welt. Die Beziehung der Eltern ist die Wiege, in welcher das Kind liegt – je nachdem, wie die Beziehung zwischen ihnen ist, wird das Kind ins Leben gewiegt oder hineingeworfen.

Haben Sie sich einmal gefragt, woher das Gefühl der Kinder kommt, verantwortlich für die Trennung der Eltern zu sein? Aus dem tiefen Grundgefühl: Ich bin aus der Verbindung meiner beiden Eltern entstanden – ich bin die Verbindung der beiden.

Wenn die Verbindung von Mutter und Vater auseinandergeht, dann betrifft es die Kinder immer basal in ihrer Selbstwahrnehmung und, je kleiner sie sind, auch in Ihrer psychischen Existenz.

Beziehung und Resilienz beginnen vor der Geburt

Erinnern Sie sich an die Aussage »In den Anfängen liegt alles begründet«? Dies gilt nicht nur für Situationen in unserem Leben, sondern auch für unseren ureigenen Anfang.

Den wenigsten ist bewusst, dass Resilienz mit der Zeugung beginnt. Die meisten Betroffenen beginnen dies erst zu erahnen, wenn sie, in der Erschöpfung angelangt, anfangen, sich mit sich und ihrem Leben auseinanderzusetzen, und wenn sie sich auf die Suche nach einem Grund machen, auf dem sie sicher stehen.

> Das größte psychische Leck entsteht durch das Nichtgewolltsein und die Nichtannahme des Kindes.

Wer von Beginn an den eigenen Grund in der Liebe erfährt, der wird auf – und aus – diesem Grund sich selbst und der Welt begegnen. »Vor der Geburt ist nach der Geburt« – dieser Grundsatz ist längst durch die Wissenschaft bestätigt worden. Das Kind ist durch den gemeinsamen Blutkreislauf untrennbar mit seiner Mutter verbunden. Es erfährt alles, was die Mutter erfährt. Es erlebt die Emotionen seiner Mutter und erfährt bereits im Mutterleib, ob es von Herzen willkommen ist oder nicht – mit allen Konsequenzen für das spätere Leben.

Bin ich ein Zufall? Bin ich ein Unfall? Oder bin ich von Beginn an aus vollem Herzen gewollt?

Die Antwort darauf tragen wir – bewusst oder unbewusst – in uns und nehmen sie mit in unser Leben. Sie ist die Grundlage, auf der wir unsere Identität aufbauen, denn unser Anfang ist zugleich unser Grund zu leben. Ein Mensch, der sich als »Unfall« oder als »nicht mehr zu ändernde Tatsache« erlebt, hat eine andere Grundlage, dem Leben zu begegnen, als ein Mensch, der aus voller Liebe um seiner selbst willen gezeugt wurde.

Die Grundlage für unsere psychische Widerstandskraft wird mit unserer Zeugung gelegt und in der bedingungslosen Annahme im Elternhaus fortgesetzt. Sie entscheidet darüber, ob wir uns, die Menschen und das Leben erkennen und annehmen können.

> Wir tragen unsere ersten Lebensjahre in uns wie eine innere Landkarte, auf deren Grundlage wir unseren Weg gehen.

Selbstreflexion

Es braucht so wenig, um ins Leben zu kommen und um im Leben zu bleiben, doch dieses Wesentliche ist entscheidend – *bin ich seelisch geboren worden?*

Machen Sie auf dem Weg zur eigenen Resilienz nun eine Bestandsaufnahme Ihrer eigenen Herkunft:

- Waren Sie ein Wunschkind?
- Wie haben Sie die Atmosphäre in Ihrem Elternhaus erlebt?
- Wie sind Ihre Eltern mit Ihnen in Beziehung getreten? Standen beide untereinander und mit sich selbst im Dialog?

- Haben Sie sich willkommen, angenommen und geliebt gefühlt? Sind Sie gesehen worden?

Notieren Sie so genau wie möglich Ihre Erfahrung von Beziehung in Ihren ersten Jahre und überprüfen dann im nächsten Schritt, wie Sie mit der Welt, den Menschen und sich selbst in Beziehung treten. Was fällt Ihnen auf?

3. Kapitel

Was hindert uns daran, resilient zu werden?

Resilient zu werden heißt, Schwäche zu lösen und Stärke zu entwickeln

Wer psychisch stark werden will, der muss nicht nur wissen, was ihn stark macht, sondern auch, was ihn schwächt. Der Weg zur inneren Stärke kann nur erfolgreich zu Ende gegangen werden, wenn Sie auch die Hindernisse erkennen und überwinden können, die Ihnen auf diesem Weg begegnen. Im folgenden Kapitel möchte ich Ihnen nun Mechanismen vorstellen, die uns tagtäglich - meist unbemerkt - in unserer psychischen Widerstandskraft schwächen, und von denen wir uns befreien müssen, wenn wir zu unserer vollen Stärke finden wollen. Dies bedeutet, von zwei Seiten zu arbeiten: Auf der einen Seite gilt es zu lernen, was Gesundheit bedeutet, und das Gelernte unmittelbar umzusetzen. Auf der anderen Seite gilt es, das, was uns schwächt und am Ende krank macht, zu erkennen und uns davon zu befreien. »Das Gesunde erkennen und leben, das Krankmachende erkennen und verabschieden« - dieses »Hand in Hand«-Prinzip ist der Weg zu Ihrer Resilienz - konsequent, mutig, offen und ehrlich - so lange, bis Sie zu Ihrer vollen Gesundheit gefunden haben.

Wiedergutmachung

Wenn wir über die Bedeutung der Atmosphäre im Elternhaus sprechen, dann sollten wir dies nur dann tun, wenn wir bereit sind zu sehen, was geschieht, wenn dieses tiefe menschliche Grundbedürfnis nach einem gesunden Aufwachsen nicht erfüllt wird und wenn wir bereit sind, die notwendigen Konsequenzen zu ziehen. Wenn wir uns nicht das volle Ausmaß bewusst machen, was geschieht, wenn die entscheidende Atmosphäre in den ersten Lebensjahren fehlt, dann werden wir uns weiter hinter Scheindiskussionen verstecken und das fortsetzen, was uns möglicherweise selbst bis heute an einem resilienten Leben gehindert hat.

Menschen, die nicht ausreichend seelisch versorgt und auf die Welt gebracht worden sind, haben nicht gelernt, für sich selbst zu sorgen, und leben ihr Leben fernab von sich selbst.

Sie befinden sich – angelehnt an das Dialogmodell – in einem »Dauerrückzug«, was früher oder später seinen Tribut fordert. Da sie nicht für sich selbst einstehen können, haben sie sich möglicherweise jahrelang gegen den eigenen Willen äußeren Bedingungen gefügt und verlieren immer mehr an Lebenskraft. Sie können nicht anders, als ihr Leben so fortzusetzen, wie es begonnen hat – ungeachtet und unbeachtet ihrer selbst. Auf den Boden des ersten inneren Rückzuges folgen immer weitere. Der eigene Zusammenbruch ist früher oder später vorprogrammiert.

Wer seelisch nicht geboren worden ist, kann nicht für sich sorgen

Wer nicht die Nahrung bekommen hat, die er brauchte, der wird irgendwann zu hungern beginnen. Wer seelisch nicht auf die Welt gebracht worden ist und dies nicht selbst nachgeholt hat, ist hungrig – und gleichzeitig unfähig, diesen Hunger zu stillen. Seine Psyche ist auf dem Stand eines hungrigen Kindes, das nur eine Möglichkeit kennt: Versorgung. Dies führt im Außen zu unterschiedlichen wie vergeblichen Kompensationshandlungen, die nicht selten in Süchten enden oder aber in einem Weg, der in den letzten Jahren zunimmt: der Weg in die eigene Krankheit.

So, wie das Kind die Erfahrung macht: »Wenn ich Bauchweh habe, bekomme ich die Aufmerksamkeit meiner sonst so distanzierten Mutter«, so sucht sich die hungrige Psyche des von der Anzahl der Jahre her Erwachsenen nicht selten auch diesen Weg des Kindes – unbewusst.

> Wer seelisch nicht auf die Welt gebracht worden ist, der bleibt das nackte und frierende Kind – egal, wie alt er an Lebensjahren ist, und erwartet von der Welt, dass sie ihm das gibt, was er zum Leben braucht.

Haben Sie sich einmal gefragt, warum es immer mehr Frühberentungen gibt? Warum unterschiedlichste Süchte so schwer zu behandeln sind? Warum die Behandlungen von psychosomatischen Erkrankungen zum Teil so langwierig sind und nicht selten als unheilbar gelten? Warum gelingt es einigen, die am Boden liegen, wieder aufzustehen, während andere liegen bleiben?

Weil nicht alle, die liegen, auch aufstehen wollen.

Weil einige, die liegen, liegen bleiben wollen.

Sie wollen liegen bleiben, weil ihnen nie wirklich gezeigt worden ist, was es heißt, aufrecht zu stehen. Sie wollen getragen werden, weil sie nie getragen worden sind. Sie wollen versorgt werden, weil sie sich selbst nicht versorgen können und weil sie noch nie versorgt worden sind.

Ihr habt mich nicht ins Leben geholt, dann kann ich auch nicht leben

Es gibt zu viele Menschen, die nie ins Leben kommen, weil sie unbemerkt in ihrer ersten Fehl- oder Unterversorgung gefangen sind und auf dieser Grundlage die Versorgung durch die Welt erwarten. Wenn wir über die Bedeutung der ersten Lebensjahre diskutieren, dann sollten wir erkennen, was für Wunden gerissen werden, wenn Kinder seelisch nicht geboren werden. Wir sollten erkennen, was für unbewusste Versorgungs- und Wiedergutmachungsansprüche daraus entstehen und welches Leid dies für die Betroffenen selbst und die Gesellschaft bedeutet. »Ihr wolltet mich nicht ins Leben lassen – dann will ich auch nicht leben.« – »Ihr habt mich nicht ins Leben gelassen – dann versorgt mich für

> Jeder, der am Boden liegt, der sollte sich die Frage stellen: Will ich auch wirklich aufstehen? Jeder, der sich in einer Krise befindet, sollte sich die Frage stellen: Will ich wirklich leben?

den Rest meines Lebens.« Diesen unbewussten Schluss tragen viele in sich, die sich im Leben erschöpfen und feststellen, dass ihnen das Leben entgleitet.

Resilient zu werden heißt für viele, sich die Frage zu stellen: *Will* ich stark werden?

»Am Ende«, sagte eine Personalerin, »gilt es, auf die nie gehabten Eltern endgültig zu verzichten und ihnen zu vergeben. Für viele mag sich dies paradox anhören, aber darum ging es bei mir – obwohl ich mittlerweile 40 Jahre alt bin.«

»Anzuerkennen, dass allein ich es in der Hand habe, was mit mir ist«, sagte eine Orthopädin, »ist wohl die schmerzhafteste Erkenntnis, die ich treffen musste. Aber sie war notwendig, denn sonst wäre ich nicht dort, wo ich heute bin.«

Die einzige Chance auf Gesundheit, die die Betroffenen haben, ist, das in eigener Verantwortung nachzuholen, was damals hätten andere tun müssen: sich selbst auf die Welt und ins Leben zu bringen. Resilient zu werden heißt für viele, sich die tiefe Wunde der eigenen Unterversorgung einzugestehen und sich von dem Anspruch auf Wiedergutmachung und Versorgung zu verabschieden. Es heißt anzuerkennen, dass sie nicht mehr Kind sind – obwohl sie nicht wachsen konnten. Es heißt Abschied zu nehmen von dem Schmerz einer nie gehabten Kindheit und das eigene Leben selbst in die Hand zu nehmen – in der bitteren und gleichzeitig heilenden Erkenntnis, niemand anderen dafür zu haben als sich selbst.Es heißt, aufzustehen und bereit zu sein zu leben.

Selbstreflexion

Wer sich die Frage nach der eigenen Resilienz stellt, der muss sich möglicherweise folgende Frage beantworten: Bin ich bereit, auf eine nie gehabte Kindheit endgültig zu verzichten und mich selbst auf die Welt zu bringen?

Innere Realitäten

Haben Sie sich einmal gefragt, was ein zentraler Grund dafür ist, wenn Dialoge nicht zustande kommen oder aber scheitern?

Warum verlieren wir bestimmten Personen gegenüber die Augenhöhe? Warum sind wir in bestimmten Situationen nicht offen? Was führt dazu, dass wir in einigen Situationen sofort in den Widerstand oder aber sogar in den Rückzug gehen?

Im folgenden Kapitel möchte ich Ihnen ein zentrales Phänomen vorstellen, das uns daran hindert, unserer Umwelt frei und offen zu begegnen, und uns in unserer Resilienz entscheidend beeinflusst: das Phänomen der inneren Realitäten.

Erinnern wir uns daran, dass Stress nicht durch die Situation an sich entsteht, sondern durch unsere Bewertung der Situation. Das, was wir aus einer Situation machen, entscheidet darüber, ob wir unter Stress geraten oder nicht. Ob wir fähig sind, in den Dialog zu treten, hängt davon ab, wie wir unser Gegenüber und uns selbst in unseren Kompetenzen und Inkompetenzen einschätzen – denn diese Einschätzung entscheidet darüber, ob wir einer Situation auf Augenhöhe begegnen können oder nicht.

Die Welt ist das, was wir in Gedanken aus ihr machen

Was ist der Grund dafür, dass wir Situationen, Personen und die Welt so bewerten, wie wir sie bewerten? Wie kommen wir zu unseren Einschätzungen bestimmter Situationen?

Es ist die Summe der Erfahrungen, die wir im Laufe des Lebens gesammelt haben, die wir in uns tragen und die unseren Blick auf die Welt prägen. Sie entscheiden über unsere Haltung dem Leben, den Menschen und uns selbst gegenüber. Dabei sind jedoch nicht nur die Erfahrungen entscheidend, sondern auch, ob und wie wir die Erfahrungen verarbeitet haben.

> Nur eine unverarbeitete Erfahrung hat die Macht, als innere Realität unseren Blick auf die Welt und unser damit verbundenes Verhalten negativ zu beeinflussen.

Ist dies nicht der Fall und handelt es sich um negative Erfahrungen, bestimmen sie in Form einer inneren Realität unseren Blick auf die Welt und unser damit verbundenes Verhalten.

Innere Realitäten sind Ohnmachtserfahrungen, die wir im Laufe unseres Lebens gemacht haben und die wir nicht verarbeitet haben. Sie sind uns zum Teil bewusst, zum Teil sind sie verdrängt worden und unserem Bewusstsein nicht mehr zugänglich. In jedem Fall jedoch bestimmen sie, solange sie nicht aufgelöst sind, unser Verhalten in der Gegenwart und verhindern eine adäquate Situationsbewältigung.

> Innere Realitäten sind Ohnmachtserfahrungen, die wir im Laufe unseres Lebens gemacht haben und die wir nicht verarbeitet haben.

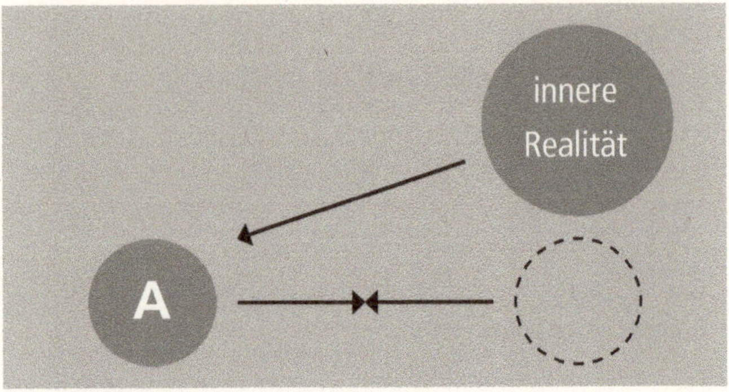

Die äußere Realität A wird anhand der inneren Realität bewertet und eingeschätzt. Daraus folgt der individuelle Umgang mit der Situation.

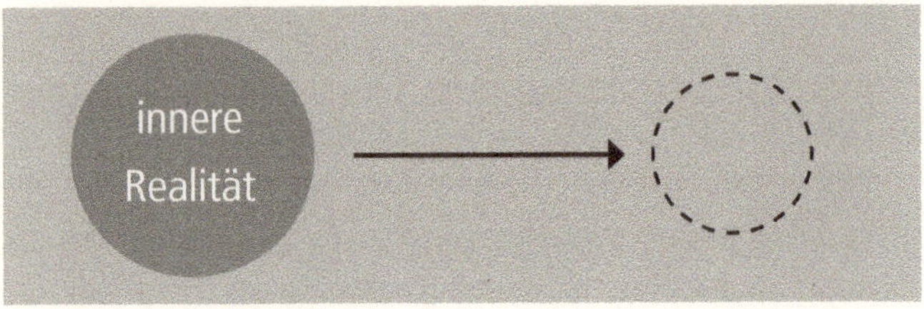

Je unbewusster und unverarbeiteter die innere Realität ist, je ohnmächtiger der Betroffene sich ihr gegenüber fühlt, umso größer ist die Gefahr, dass sie nach außen projiziert wird und die äußere Realität so weit überdeckt, dass der Betroffene nicht mehr adäquat reagieren kann.

Betroffene, die aufgrund von Erschöpfung oder geringer Widerstandsfähigkeit zu mir in die Beratung kamen, wiesen ausgeprägte innere Realitäten auf, die sie daran hinderten, ihrer Umwelt adäquat zu begegnen. Ihnen gelang es weder, Krisensituationen richtig einzuschätzen, noch, sich angemessen zu verhalten oder sie zu bewältigen.

Entstehungsformen innerer Realitäten

> Innere Realitäten sind meiner Erfahrung nach die wohl größte Macht in uns, die uns im Außen ohnmächtig werden lassen. Ob im Beruflichen oder im Privaten – sie sind mit die größten »Lecks« und »Blockaden«, die uns an einem gesunden und resilienten Leben hindern.

Wer seine Resilienz stärken will, der muss wissen, ob er innere Realitäten in sich trägt, die ihn daran hindern, dem Leben in jeder Situation auf Augenhöhe zu begegnen. Es gibt unterschiedliche Formen von inneren Realitäten – je nachdem, wie sie entstanden sind, wirken sie sich auf die Betroffenen aus und beeinflussen diese mehr oder weniger massiv in ihrer Lebensgestaltung.

Innere Realitäten aus den ersten Lebensjahren

Am stärksten wirken innere Realitäten, die während der ersten Lebensjahre entstanden sind. Grund dafür ist, dass sie ein Teil der Identität geworden sind und sich vor diesem Hintergrund dem Bewusstsein überwiegend entziehen. Vor einigen Jahren kam eine Vorstandsassistentin zu mir in die Beratung. Die Frau hatte sich an einem Arbeitsplatzkonflikt erschöpft, den sie aufgrund ihrer inneren Realitäten nicht zu bewältigen vermochte: Sie berichtete, mit einem cholerischen Vater aufgewachsen zu sein, der seine Frau und Töchter mit unvorhersehbaren Wutausbrüchen dominiert habe. Daraus war folgende innere Realität entstanden: »Gegen laute Männer kommt eine Frau nicht an.« Diese begleitete die Frau sowohl in ihrem beruflichen wie in ihrem privaten Leben; wann immer ihr ein Mann gegenüberstand, der lauter wurde, zog sie sich automatisch zurück. Nach einem Chefwechsel fand sie sich nun einem »lauten Mann« gegenüber, den sie ungewollt und automatisch durch die Brille ihrer inneren Realität betrachtete und vor dem sie in der Rolle des Kindes, das sie einmal gewesen war, ängstlich kapitulierte.

> Innere Realitäten entstehen durch negative Beziehungserfahrungen – in denen der Betroffene sich als ohnmächtig und hilflos erlebt und sich vom Gegenüber überwältigt fühlt. Diese innere Ohnmacht nimmt er, solange er sie nicht aufgelöst hat, in jede neue Beziehung mit – und wird dementsprechend von ihr beeinflusst.

Eine andere Patientin erschöpfte sich in ihrem Beruf, weil es ihr nicht gelang, notwendige Grenzen zu ziehen. Obwohl sie eine Halbtagsstelle hatte, arbeitete sie ganztags. Im Laufe der Therapie wurde die innere Realität erkennbar, die die 52-Jährige in die Erschöpfung getrieben hatte. Die Frau berichtete, mit einer depressiven Mutter aufgewachsen zu sein, die ihre Tochter nur dann wahrnahm, wenn diese »gut gelaunt« war. Die Erfahrung »Ich werde nur geliebt, wenn ich lächle« wurde für sie zu einer inneren Realität und damit Teil ihrer Identität. Automatisch machte sie stets gute Miene zum bösen Spiel – und irgendwann wusste sie selbst nicht mehr zu sagen, ob es ihr eigentlich gut ging oder schlecht. Grenzenlos lächelnd nahm sie alle ihr entgegengebrachten Arbeiten an und lächelte noch, als sie mit einem Hörsturz beim Hals-Nasen-Ohren-Arzt saß.

Ein Anwalt, der aufgrund eines Burn-outs in die Beratung kam, berichtete, in einem patriarchischen Elternhaus aufgewachsen zu sein. Wenn er Leistung zeigte, reagierte sein Vater mit Anerkennung, und auch dann nur eingeschränkt, immer verbunden mit der Forderung: Es geht noch besser. Die aus dieser Erfahrung entstandene innere Realität »Egal, was ich tue, ich bin nicht gut genug« führte den 46-jährigen Mann in einen grenzenlosen Kampf um berufliche Anerkennung, in dem er sich immer weiter erschöpfte. Jede berufliche Herausforderung sah er durch die Brille der inneren Realität »Ich muss mich beweisen, weiß aber, dass ich sowieso nicht gut genug bin«.

Als ich vor einiger Zeit ein Team in einer Wirtschaftsprüfungskanzlei beriet, wandte sich eine Anwältin mit der Bitte um ein Einzelgespräch an mich. Sie berichtete, seit Monaten nicht mehr schlafen zu können und immer unkonzentrierter zu werden. Irgendwann erwähnte sie, dass es seit vier Monaten eine neue Konstellation in der Kanzlei gäbe und damit verbunden neue Verantwortlichkeiten und Anforderungen. Unter anderem hätte jeder der Partner von nun an Vorträge zu übernehmen. Dann begann sie zu weinen und erzählte, die Angst davor vorzutragen raube ihr seit Wochen den Schlaf. In den Sitzungen konnten wir herausarbeiten, warum die Aussicht, einen Vortrag zu halten, sie in solche Ängste stürzte: Die Anwältin erinnerte sich an ein allabendliches Ritual in ihrem Elternhaus. Als einziges Mädchen musste sie beim Abendbrot vor der versammelten Familie Gedichte aufsagen – und jedes Mal wurde sie von ihren Brüdern ausgelacht. Diese Erfahrung hatte die Frau nie verarbeitet. Die innere Realität »Wenn ich vor Publikum spreche, werde ich ausgelacht« führte zu einer massiven Angst, vor Publikum zu sprechen. Jahrelang gelang es der Frau, Situationen, die an dieser inneren Realität rühren könnten, zu vermeiden, durchaus erfolgreich – bis die neue Konstellation in der Kanzlei eintrat.

Innere Realitäten, die in den ersten Jahren entstanden sind, sind tiefe Ohnmachtserfahrungen auf der Beziehungsebene.

Sie prägen sowohl das Selbstbild als auch die Beziehungsfähigkeit auf eine entscheidende Art und Weise und haben, solange sie nicht gelöst sind, eine massive Auswirkung auf die psychische Widerstandskraft. Je mehr eine solche innere Realität durch äußere Faktoren angeregt, nach dem Schlüssel-Schloss-Prinzip »getriggert« wird und im Außen zum Tragen kommt, desto massiver wird der Betroffene in seiner Resilienz geschwächt.

»Du bist nichts wert.«

Eine in den ersten Jahren entstandene typische innere Realität von Menschen mit geringer Resilienz ist die innere Realität einer tiefen inneren Wertlosigkeit, die zu einer Ablehnung der eigenen Person und zum Verlust der Augenhöhe sich selbst gegenüber führt.

Sie besitzt drei Gesichter:

1. Du bist nichts wert: eine grundsätzliche Ablehnung der eigenen Person.
2. Du bist nur etwas wert, wenn du perfekt bist: Verurteilung eigener Schwächen.
3. Du bist nur etwas wert, wenn du etwas leistest: ein ständiger Leistungsanspruch.

Die innere Realität, die Betroffene am stärksten daran hindert, psychisch widerstandsfähig zu werden, ist die erste, die grundsätzliche Ablehnung der eigenen Person. Je größer der Widerstand gegen die eigene Person ist, umso geringer ist die Widerstandskraft im Außen. Wer Widerstände gegen sich selbst hat, wird im Außen nur wenig widerstandsfähig sein. Wer nicht Ja zu sich selbst sagt, kann im Außen nicht an den richtigen Stellen Nein sagen. Wer sich im tiefsten Inneren selbst ablehnt, der kann sich im Außen nicht abgrenzen. Für Abgrenzung wie für Offenheit, für die Fähigkeit, an- und aufzunehmen, was ihnen begegnet, brauchen Menschen Substanz, eine gefestigte Identität – und diese entsteht nur auf dem Boden eines klaren Ja zu sich selbst. Menschen, die sich selbst ablehnen, sind nicht stark genug, um Krisen und Konflikte zu meistern, sie sind diesen hilflos ausgeliefert. Wer sich selbst ablehnt, der kann sich selbst nicht zur Seite stehen – mit allen Konsequenzen für die Begegnung und Krisenbewältigung im Außen. Nur wer ein Leben lebt, das sich selbst anerkennt, ein Leben, das der eigenen wahren Identität entspricht, nur der ist auch dazu in der Lage, nach außen hin autark und integer zu sein.

Selbstreflexion

Obwohl die innere Realität der eigenen Wertlosigkeit von so zentraler Bedeutung ist, weisen viele Betroffene sie weit von sich. Ihnen ist gar nicht bewusst, dass sie die Augenhöhe sich selbst gegenüber verloren haben. Überprüfen Sie vor diesem Hintergrund, inwieweit Sie diese Form der inneren Realität und welche der damit verbundenen drei »Wahrheiten« in sich tragen.

Innere Realitäten, die im Laufe des Lebens entstanden sind

Die zweite Form der inneren Realitäten sind solche, die im Laufe des Lebens entstanden sind. Dies kann sowohl schleichend geschehen als auch durch Schockereignisse, die nicht verarbeitet werden konnten. Je stärker die damit verbundene Ohnmachtserfahrung war, desto mehr beeinflusst sie den Betroffenen in seinem Handeln.

Ein Mann kam aufgrund von wiederkehrenden Beziehungskrisen zu mir in die Beratung. Im Laufe der Sitzungen erzählte er mir von einer Erfahrung, die er in seiner ersten Ehe gemacht hatte: Er kam von einer Geschäftsreise nach Hause und fand seine Frau nicht alleine vor.

Die daraus entstandene innere Realität »Wenn ich meine Frau alleine lasse, dann werde ich betrogen. Ich bin es nicht wert, dass man mir treu ist« führte in späteren Partnerschaften zu besitzergreifendem und misstrauischem Verhalten. Der Mann war so verunsichert, dass schon der Blick der Partnerin auf ihr Handy ihn einen möglichen Betrug vermuten ließ. Er hatte sein gesamtes Vertrauen in seine Partnerin verloren.

Eine Studentin hatte ihren ersten Freund durch einen tragischen Autounfall verloren. Die daraus entstandene innere Realität »Wenn ich liebe, dann nimmt mir das Leben meine Liebe« führte dazu, dass sie sich zwar in Beziehungen stürzte, aber innerlich verschlossen blieb.

Eine Führungskraft machte die berufliche Erfahrung, an dem eigenen Team zu scheitern. Anstatt in die direkte Konfrontation zu gehen, hatten sich seine Mitarbeiter hinter seinem Rücken verbündet und den Vorstand schließlich dahingehend beeinflusst, ihn zu entlassen. Die aus dieser Erfahrung entstandene innere Realität »Teams verbünden sich hinter meinem Rücken gegen mich« führte in der späteren Zusammenarbeit mit anderen Teams zu einem Verlust von Augenhöhe und der Unfähigkeit, unangenehme, aber notwendige Entscheidungen zu treffen und umzusetzen.

Ein Geschäftsführer hatte zusammen mit einem Freund ein Unternehmen gegründet. Eines Tages stellte er fest, dass der Freund mit dem gesamten Vermögen über alle Berge war. Den Betrug hatte sein Partner sorgfältig über zwei Jahre hinweg geplant. Die aus dieser Erfahrung resultierende innere Realität »Man kann selbst dem besten Freund nicht trauen« führte sowohl im privaten als auch im beruflichen Bereich zu misstrauischem Verhalten und Bewertungen von Situationen und Personen, die das eigene Vorankommen unmöglich machten.

Eine Geschäftsführerin kam aufgrund psychischer Erschöpfung zu mir in die Beratung. Sie berichtete von einem jahrelangen Verhältnis mit einem verheirateten Mann, von dem sie sich in ihrer Abhängigkeit lange nicht trennen konnte. Die daraus entstandene innere Realität »Ich bin die ewige Geliebte« ließ sie jede Situation entsprechend bewerten – sowohl Männern als auch Frauen gegenüber. »Ich kann gar nicht einschätzen, was Menschen tatsächlich von mir wollen«, klagte sie während einer Sitzung. »Heute habe ich bei einer Freundin nachgefragt, ob es für sie okay war, dass ihr Mann mir eine berufliche SMS geschrieben hatte – weil mich das schlechte Gewissen quälte.«

Innere Gewohnheiten und innere Realitäten

Innere Realitäten, ob in den ersten Jahren oder im Laufe des Lebens entstanden, beeinflussen massiv die psychische Widerstandskraft, weil sie Betroffene in den Rückzug und in die stetige Wiederholung der ursprünglichen Ohnmachtserfahrung zwingen. Wird eine innere Realität berührt, dann entstehen automatisch Gefühle von Stress und Hilflosigkeit. Wer an seiner psychischen Widerstandskraft arbeiten will, der sollte sich darüber bewusst sein.

Resilient zu werden heißt jedoch nicht nur, bestehende innere Realitäten zu erkennen und aufzulösen, sondern auch, darauf zu achten, dass keine neuen entstehen. Dafür ist es wichtig zu wissen, dass viele unserer inneren Realitäten nicht durch einen Schockmoment oder ein traumatisches Erlebnis entstehen, sondern im Alltag, unbemerkt aus der Anhäufung von Momenten, in denen man »um des lieben Friedens willen« gute Miene zum bösen Spiel gemacht hat. In denen man Ja gesagt hat, obwohl man innerlich Nein gemeint hat, und dies nur konnte, weil man sich in diesem Moment selbst verneinte. So schleichen sich unbemerkt innere Überzeugungen ein, die die jeweilige Situation und die Betroffenen selbst betreffen, und schwächen am Ende nicht nur die Beziehung an sich, sondern auch alle Beteiligten.

»Ich hätte nie gedacht«, sagte ein Manager, »wie schnell man verlernen kann, Nein zu sagen. Nachdem ich dreimal Ja gesagt hatte, obwohl es mir zuwider ging, wurde es für meine Frau zur selbstverständlichen Voraussetzung, dass bestimmte Dinge so liefen, wie sie es wollte.«

»Mit meinem Chef kann man nicht reden«, erklärte eine Personalerin, die sich nach dessen erstem Wutausbruch innerlich zurückgezogen hatte, anstatt die Situation auf Augenhöhe zu klären.

»Diskussionen führen zu nichts«, sagte ein Manager, der sich, anstatt an der eigenen Konfliktscheu zu arbeiten, in Alleingänge flüchtete und dadurch nicht nur konfliktunfähiger wurde, sondern auch unnötige Konflikte provozierte.

Innere Realitäten können in jedem Moment entstehen, wenn die Augenhöhe verloren geht und ein innerer Rückzug entsteht. Ob im beruflichen oder im privaten Bereich, gerade in langen Beziehungen sollte darauf geachtet werden, konsequent von Beginn an die Augenhöhe zu halten – und die damit verbundenen vermeintlichen Anstrengungen in Kauf zu nehmen – anstatt durch den inneren Rückzug unbemerkt innere Realitäten zu produzieren und sich dadurch unnötig zu schwächen oder zu erschöpfen.

Wo stehe ich?

Betrachten Sie vor diesem Hintergrund einmal die Beziehungen, die Sie im beruflichen und privaten Alltag leben. In welchen Situationen fällt es Ihnen schwer, im Dialog zu bleiben? Welche inneren Realitäten belasten Ihre Beziehungen und welche führen dazu, dass Sie in Beziehung XY nicht in den Dialog finden? Welche inneren Realitäten aus früheren Beziehungen erschweren Ihre jetzigen oder machen sie sogar unmöglich?

Je länger wir in Situationen verharren, die uns widersprechen und die wir nur ertragen, indem wir uns selbst und unsere Bedürfnisse unterdrücken, desto mehr entwickeln wir eine innere Realität der eigenen Ohnmacht und Hilflosigkeit. Eine innere Realität, die die eigene Ohnmacht und Hilflosigkeit immer selbstverständlicher werden lässt und uns vor diesem Hintergrund automatisch in eine permanente Verteidigungs- und Aggressionshaltung der Umwelt gegenüber zwingt.

Wer beginnt, sich selbst nicht mehr im Außen auf Augenhöhe zu vertreten, schwächt sich also nicht nur für den Moment, sondern auch für seine zukünftigen Beziehungen. Jeder Verlust von Augenhöhe fördert das Entstehen einer inneren Realität von grundsätzlicher eigener Minderwertigkeit und Ohnmacht.

»Für mich ist es selbstverständlich, dass man mit Frauen über bestimmte Dinge nicht sprechen kann«, erklärte ein Mann seiner neuen Partnerin nach einer 15-jährigen Ehe, in der er sich vor den hysterischen Ausbrüchen seiner Frau immer mehr in den inneren Rückzug begeben hatte.

»Bisher hat unsere Führungskraft immer die Entscheidungen getroffen«, sagte ein Teammitglied während einer meiner Beratungen, »wir können doch gar nicht mehr anders, als zu reagieren.«

»Wir haben uns so lange als Juniorpartner behandeln lassen«, berichtete ein Teammitglied während einer Phase der Selbstreflexion, »nun fühlen wir uns den anderen Schnittstellen gegenüber selbstverständlich permanent wie ein Juniorpartner.«

Solche Überzeugungen sind die selbstverständliche Konsequenz jahrelangen »Stillhaltens«, die automatisch auch ein gesundes Miteinander in allen jetzigen und zukünftigen Beziehungen verhindern.

Wie löst man innere Realitäten auf?

Zunächst einmal ist es notwendig, dass Sie sich Ihre inneren Realitäten bewusst machen. Innere Realitäten erkennen Sie unter anderem an einem bekannten Gefühl, das sich gleichzeitig »vernichtend« anfühlt. Sie kennen sich in dem Gefühl aus wie in einem Lied, das Sie singen können, weil Sie es schon tausendmal gehört haben.

Wenn die Platte der inneren Realität läuft, stoppen Sie diese, indem Sie sich erst einmal bewusst machen, dass die Platte überhaupt läuft. Finden Sie dann im nächsten Schritt heraus, welches Lied gerade abgespielt wird. Und machen Sie sich dann bewusst, dass es das Lied von etwas längst Vergangenem ist, ein Widerhall, der verstummt, wenn Sie die Platte stoppen.

Begegnen Sie Ihren inneren Realitäten auf Augenhöhe. Lassen Sie sie sein, ohne mitzutoben, halten Sie Abstand, erkennen Sie, was gerade geschieht, und konzentrieren Sie sich darauf, wer Sie jetzt sind. Lernen Sie, einen Unterschied zu fühlen zwischen Vergangenheit und Gegenwart.

Das Bewusstsein über die Realität ist der erste Schritt. Um sich von ihr ganz zu befreien, gilt es, sich der Situation, in der sie entstanden ist, bewusst zu werden und ihr auf Augenhöhe zu begegnen. Erst wenn die Ursprungssituation gedanklich und emotional verarbeitet wurde, kann man zu einer neuen Einstellung finden.

Konkret bedeutet das: Fühlen Sie, was Sie einmal verdrängt haben, öffnen Sie die Augen, auch wenn Sie sie einmal verschlossen haben. Gehen Sie noch einmal in die Situation zurück, durchleben Sie die Situation – so lange, bis es Ihnen gelingt, ihr auf Augenhöhe zu begegnen und sich von ihr zu verabschieden. Je nachdem, um welche Form von innerer Realität es sich handelt, je nachdem, wie tief das damit verbundene Ohnmachtsgefühl ist, gelingt dies ohne Hilfe. Manchmal ist es notwendig, sich hierbei Hilfe zu suchen, in Form eines geschulten Gegenübers, das Ihnen hilft, sich von Ihrer Ohnmacht zu befreien.

Innere Realitäten von Teams und Organisationen

Da der Beruf im Leben vieler Menschen eine zentrale Rolle einnimmt, möchte ich an dieser Stelle zumindest kurz die Bedeutung innerer Realitäten innerhalb von Organisationen und Teams ansprechen.

Auch im beruflichen Bereich schwächen unverarbeitete Erfahrungen alle Beteiligten. Sie erschweren die Zusammenarbeit und können Teams in die Erschöpfung oder sogar in den Rückzug zwingen.

Nicht selten stellt sich bei ausgebrannten Teams, die sich in der Phase des Rückzugs (vgl. Dialogmodell) befinden, heraus, dass es durch innere Realitäten entstandene vermeintliche Gewissheiten sind, die eine Klärung der Situation unmöglich machen. Innere Realitäten, die das Team in einem Selbstbild der Wertlosigkeit, Minderwertigkeit, Schuld oder des Versagens halten und das Team entweder in die ewige Schleife der Resignation oder aber der wütenden Aggression zwingen.

Ein Team kann nur dann frei und erfolgreich agieren, wenn es sich von seinen inneren Realitäten befreit hat – das Gleiche gilt für Organisationen. Innere Realitäten von Organisationen und damit verbundenes Selbstverständnis lässt nicht nur Mitarbeiter scheitern, sondern machen auch Change-Prozesse und Restrukturierungen unmöglich – egal, wie gut die Ideen sind, egal, wie viel Motivation vorhanden ist, egal, wie sehr sich alle Beteiligten engagieren.

> Innere Realitäten erzeugen Gefühle von Ohnmacht und Minderwertigkeit und – im Außen – Handlungsunfreiheit. Mit allen Konsequenzen, in jedem Lebensbereich.

Beispiele für innere Realitäten in Organisationen

Im Folgenden möchte ich Ihnen einige innere Realitäten in Organisationen vorstellen, die mir in meiner Beratungspraxis häufig begegnen und die für eine erfolgreiche Teamkooperation immer gelöst werden müssen. Es sind Aussagen von Teams oder Einzelpersonen, die im Laufe der Beratungsprozesse geäußert wurden. Diese inneren Überzeugungen hatten die Betroffenen in den Rückzug und in die Blockade getrieben und waren Ursache für die scheinbar »unlösbare« Situation, in der sie sich befanden.

»Alle, die selbstbewusst und auf Augenhöhe gehandelt haben, sind gekündigt worden. Wer selbstbewusst und auf Augenhöhe handelt, der wird gekündigt. Also halte ich meinen Mund.«

»Wir waren immer wieder kurz davor, geschlossen zu werden, weil wir die Zahlen nicht gebracht haben. Wir sind immer wieder gerettet worden. Wir sind das schwarze Schaf der Organisation.«

»Damals haben wir die falsche Entscheidung getroffen und das hat vielen den Kopf gekostet – wer seinen Kopf behalten will, der darf nicht entscheiden.«

»Ich habe um Hilfe gerufen, und meine Führungskraft hat mich nicht gehört – meine Führungskraft hört nicht, wenn ich sie brauche, also rufe ich auch nicht mehr.«

»Der andere Bereich hat immer mehr Budget bekommen. Wir sind nur die kleine Schwester, das war schon immer so. Wie können wir da selbstbewusst auftreten?«

Jede Führungskraft, jeder Mitarbeiter muss sich – im Hinblick auf die eigene Resilienz und die Resilienz der Organisation, für die er arbeitet, die Frage nach möglichen inneren Realitäten stellen und, wenn vorhanden, dafür sorgen, dass diese aufgelöst werden.

Auch für Organisationen gilt: Innere Realitäten werden als angstvolle und vor allem selbstverständliche Wahrheiten erlebt, die die Betroffenen »in die Knie zwingen« und an denen niemand vorbeikommt – solange ihnen nicht auf Augenhöhe offen begegnet wird und sie als »falsch« entlarvt werden.

Zusammenfassung

»Die Welt ist das, was wir in Gedanken aus ihr machen« – diese Aussage gilt, solange wir in unseren inneren Realitäten gefangen sind. Je negativer diese sind, umso negativer wird die Welt für uns sein – ob wir wollen oder nicht. Wir werden nicht nur schwach, sondern das Leben wird für uns auch arm bleiben. Ob in beruflichen oder im privaten Bereich – wir werden nur vorankommen und das wirkliche Leben erfahren, wenn wir uns von ihnen befreien und klar werden. Uns befreien, damit wir endlich unsere Augen öffnen können für das, was vor uns, aber auch in uns ist. Nicht nur um Herausforderungen erfolgreich zu meistern, sondern auch, um auf all das zuzugreifen, was an Fülle um und in uns ist. Nicht nur, um resilient zu werden, sondern um endlich zu leben.

Ängste

Kennen Sie die Geschichte von dem Mann, der jede Nacht laut pfeifend über den Friedhof geht? Als er gefragt wird, warum er dies tue, antwortet er: »Weil ich keine Angst habe.«

»Angst?«, fragte mich vor einiger Zeit ein Vorstand, »ich habe keine Angst.«

> Resilient zu werden heißt, sich eigene Ängste zuzugestehen und einzugestehen. Die Frage nach den eigenen Ängsten ist essenziell für psychische Widerstandskraft.

Wenn ich Ihnen nun die Frage stellen würde: Wovor haben Sie Angst? Was würden Sie mir antworten? Würden Sie mir von Ihrer Angst berichten oder würden Sie sich als angstfrei bezeichnen?

Wer dem Leben mit innerer Kraft und Stärke begegnen will, wer dem Leben überhaupt begegnen will, der kann dies nur, wenn er auch seinen Ängsten begegnet.

> Wer seine Angst verdrängt, der wird von ihr geleitet. Ängste zu verdrängen ist das Gefährlichste, was man tun kann, denn in der Verleugnung beraubt man sich der Möglichkeit, »Herr« über sie zu werden und damit »Herr der Lage« zu bleiben.

Ich habe die Erfahrung gemacht, dass es vielen Menschen, welche die Beratung aufsuchen, schon schwerfällt, sich ihre Ängste überhaupt einzugestehen – gerade Männer verleugnen oft, Angst zu haben, und schwächen sich darüber in ihrer psychischen Widerstandskraft, ohne es zu merken.

Angst zu haben ist an sich nichts »Unnormales«. Jeder von uns besitzt Ängste – die Frage ist nur, wie ausgeprägt diese sind und inwiefern Sie uns und unser Leben zu unserem Nachteil bestimmen. Je unsicherer ein Mensch in seinem Selbstwert ist, desto größer ist die Angst, die ihn umtreibt.

Angst ist ein zentrales, allumfassendes Gefühl, das nicht nur den körperlichen Organismus, sondern auch die Psyche des Menschen lähmen kann. Wer psychisch stark werden und das größte Maß an Handlungsfähigkeit besitzen möchte, der braucht die Bereitschaft, seinen Ängsten auf Augenhöhe zu begegnen, anstatt sie zu kompensieren oder zu verdrängen. Wem dies nicht gelingt, der wird Sklave seiner Ängste sein, ohne dass es ihm bewusst wäre. Seine Ängste werden sein Handeln bestimmen, ohne dass er eine Wahl hat und ohne dass dieses Handeln der Situation angemessen wäre.

»Erst jetzt, im Rückblick, wird mir klar«, sagte ein Manager, »dass die Angst zu versagen mich oft geleitet hat. Ob es die Scheu vor dem Dialog mit meinem Team war oder die Angst, Entscheidungen zu treffen – anstatt sie mir bewusst zu machen, ließ ich mich in meinem Handeln von ihr bestimmen und fand alle möglichen rationalen Begründungen für mein Vermeidungsverhalten.«

Es gibt verschiedenste Ängste – doch letztendlich haben sie alle denselben Ursprung: die Angst um die eigene Existenz.

Je nachdem, worüber ein Mensch sich selbst definiert, worauf er seine Identität gründet, fällt seine Angst aus.

Die Angst zu scheitern, die Angst zu versagen und die Angst vor Ablehnung sind zentrale Ängste, die Menschen so lähmen können, dass sie handlungsunfähig werden. Dies kann so weit führen, dass Betroffene nicht mehr zu den alltäglichsten Handlungen fähig sind.

> Ängste machen erpressbar – sowohl im Beruflichen wie im Privaten: Je mehr sie verleugnet werden, umso erpressbarer wird der Betroffene. Wer erpressbar ist, der verliert sehr schnell die Augenhöhe und hört auf, ein Gegenüber zu sein. Dies geschieht häufig unbemerkt.

»Ich hatte solche Angst davor, dass ich abgelehnt und aus der Gruppe ausgeschlossen würde«, erzählte ein Mitglied eines Projektteams, »dass ich mich am Ende überhaupt nicht mehr traute, irgendeine Position zu beziehen.«

Je weniger es Betroffenen gelingt, ihrer Angst auf Augenhöhe zu begegnen, umso hilfloser sind sie ihr ausgeliefert. Dies führt entweder zu einer unbewussten Vermeidung von Situationen und einer massiven Einschränkung der Handlungsfähigkeit oder – je nachdem, wie stark die Angst ist – irgendwann zu sich selbsterfüllenden Prophezeiungen. Das heißt: Wer Angst hat, verlassen zu werden, sich diese Angst aber nicht bewusst macht, der wird sich so verhalten, dass er am Ende alleine dasteht. Wer Angst hat zu scheitern und dies nicht bewältigt, der wird sich am Leben aufreiben – und irgendwann versagen. Wer Angst vor Ablehnung hat und diese verleugnet, der wird so auftreten, dass er Ablehnung hervorruft. Durch die Angst provoziert man also Handlungen, die die befürchteten Situationen eintreten lassen.

Je geringer die psychische Widerstandskraft eines Menschen ist, umso mehr neigt er dazu, die Lösung in der Verdrängung anstatt in der Auseinandersetzung zu suchen – vor allem, je unangenehmer die Angelegenheit für ihn erscheint. »Aus den Augen, aus dem Sinn« ist ein Prinzip, nach dem viele ebenfalls mit ihrer Angst verfahren – und es auch in diesem Fall vorziehen, »den Käse im Küchenschrank zu verstecken«.

Im Folgenden möchte ich Ihnen einen Mechanismus vorstellen, der dort auftritt, wo der Weg durch die Angst vermieden wird und welcher »Gestank« im übertragenen Sinn durch dieses Handeln entsteht:

Wer vermeidet, seiner Angst zu begegnen, der macht folgenden Fehler: Anstatt die Angst anzunehmen und zu bearbeiten, versucht er, sie loszuwerden. Psychisch findet dann folgendes Phänomen statt: Die Angst wird abgespalten und unbewusst auf das Umfeld projiziert. Ohne es zu bemerken, übergeben die Betroffenen eigene Ängste, die sie selbst nicht ertragen können, an Ihr Umfeld weiter.

Diese Projektion hat in der Regel zwei Folgen:

Das Umfeld der Betroffenen nimmt die Angst an und identifiziert sich mit ihr. Es fühlt plötzlich eine Angst in sich, ohne zu erkennen, dass es sich um eine »fremde« Angst handelt – und reagiert entsprechend dem eigenen bekannten Verhaltensmuster: entweder depressiv und gelähmt oder aber aggressiv abwehrend. Der Betroffene steht seiner ureigenen Angst im Außen gegenüber und blickt ihr direkt ins Gesicht. Konfrontiert mit der ureigenen, unkenntlich gewordenen Angst, beginnt er, sie stellvertretend zu bekämpfen, und wendet sich gegen sein Umfeld.

In ihrer Abwehrhaltung neigen Betroffene zu emotionalem Auftreten und unangemessenem Handeln. Diese Form projektiver Identifizierung ist ein Phänomen, das ganze Teams lähmt und Führungskräfte scheitern lässt.

Nicht unsere Ängste lassen uns scheitern, sondern unsere Unfähigkeit, mit ihnen umzugehen. »Es ist dramatisch zu erkennen«, sagte ein Bereichsleiter, »dass am Anfang ja eigentlich nur die Angst vor Ablehnung durch mein Team stand – hätte ich mich ihr gestellt und sie gelöst, dann wäre im Außen nicht dieses Desaster entstanden.« Aber auch im privaten Bereich führt die Vermeidung von Ängsten zu Konstellationen, die Beziehung verhindern.

In meiner Beratung begegnen mir immer wieder Betroffene, die ihre Ängste jahrelang verdrängt haben oder vor ihnen geflohen sind. Durch die Verdrängung hat sich die Angst unbemerkt vermehrt, sodass das Konto der Angst gleichsam übervoll geworden ist und diese immer mehr Einfluss auf das Leben der Betroffenen nimmt.

> Wir selbst kreieren unser eigenes Scheitern durch die Vermeidung unserer Ängste. Resilienz heißt: Den eigenen Ängsten zu begegnen, auf Augenhöhe – emotional und rational. Wenn Sie dies nicht tun, dann werden Sie sich früher oder später ganz in Ihrer Angst verlieren.

Menschen, die stets von sich selbst dachten, »ohne Angst zu sein«, sehen sich plötzlich massiven Lebensängsten ausgesetzt, die nicht nur Krisen auslösen, sondern auch bestehende Krisen unbezwingbar erscheinen lassen. Ich erinnere mich dabei an einen Manager, der aufgrund eines Partnerschaftskonflikts in die Beratung kam. Er erkannte für sich, dass eine

Trennung unumgänglich war, doch je mehr der Trennungsprozess in Gang kam, umso ängstlicher wurde er. Verdrängte Versagensängste aus seiner ersten Scheidung sowie jahrelang unterdrückte berufliche Versagensängste brachen hervor und ließen ihn immer mehr erstarren. Das Verlassen der ihm vertrauten Welt wurde vor diesem Hintergrund als so übermäßig bedrohlich erlebt, dass er immer handlungsunfähiger wurde.

Je länger wir unsere Ängste unterdrücken, umso übermächtiger werden sie in uns und zwingen uns zu einem Handeln, das uns nicht stärkt, sondern immer weiter schwächt. Ängste, denen wir uns nicht stellen, Ängste, die wir bewusst oder unbewusst verdrängen, verschwinden nicht einfach so. Sie sammeln sich in uns, in unserem Unterbewussten, und hindern uns daran, ein Leben in Einklang mit uns selbst zu führen. Leider erkennen viele der Betroffenen erst am Ende, welche Folge die jahrelange Verdrängung hat – das, was der berühmte Regisseur Rainer Werner Fassbinder in seinem Filmtitel auf den Punkt bringt: »Angst essen Seele auf«.

Je länger die Angst unterdrückt wird, umso übermächtiger wird sie – so lange, bis am Ende die Positionen wechseln. Die Angst nimmt die A-Position ein, während der Betroffene in der B-Position in den inneren Rückzug geht.

Der einzige Weg aus der Angst führt durch die Angst

»Der Weg aus der Angst führt immer durch die Angst« ist ein Leitsatz der Psychologie.

Wer sich von seiner Angst befreien will, der muss sich ihr – im Sinne des Dialoges – auf Augenhöhe stellen und ihr ins Gesicht blicken. Wer sich seiner Angst gestellt und sie bewältigt hat, wird gestärkt aus diesem Prozess hervorgehen.

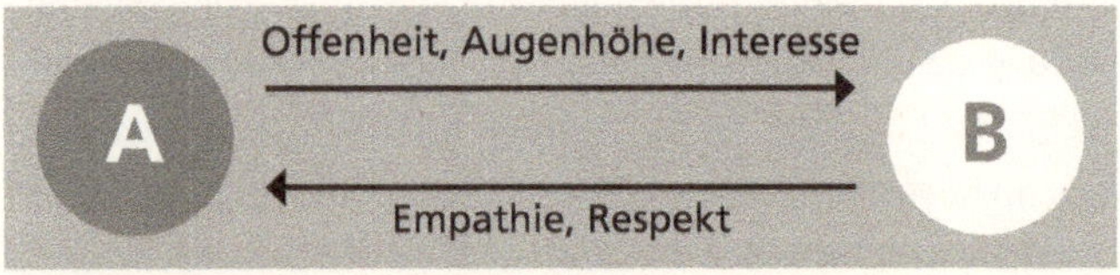

Wie begegnet man seiner Angst?

Im Folgenden möchte ich Ihnen einen möglichen Ansatz der Imagination geben, der Ihnen helfen kann, Ihren Ängsten zu begegnen und sich auf diesem Wege von ihnen zu befreien:

Machen Sie Ihre Angst greifbar und geben Sie ihr ein Gesicht, einen Namen. Stellen Sie sich Ihre Angst als Person vor, der Sie gegenübertreten. Nehmen Sie Beziehung zu ihr auf und treten Sie mit ihr in den Dialog. Das heißt:

Seien Sie offen, gehen Sie auf Augenhöhe, sehen Sie genau hin, hören und verstehen Sie, was Ihre Angst Ihnen sagt.

Denken Sie daran, auch hier gelten alle Voraussetzungen für einen Dialog: Augenhöhe, Offenheit, Empathie, Verstehen und Interesse.

Je tiefer die Angst sitzt, umso schwerer wird es Ihnen fallen, sich ihr zu öffnen und ihr gleichsam gegenüberzutreten. Lassen Sie sich Zeit. Sie werden nicht alle Ängste von heute auf morgen auflösen können – aber wenn Sie beginnen, mit ihnen in den Dialog zu treten und diesen aufrechtzuerhalten, haben Sie bereits sehr viel für Ihre Resilienz getan. Solange Sie im Dialog sind, so lange haben Sie Ihre Angst im Blick und können angemessen agieren – anstatt ein von Angst Getriebener zu sein.

»Letztendlich hat mir das Wissen um die Voraussetzungen des Dialoges geholfen. Je mehr davon ich erfüllte, umso mehr befreite ich mich von meiner Angst«, sagte eine Lehrerin, die innerhalb einer Ehekrise zunehmend fürchtete, verlassen zu werden.

»Erst hinzusehen und sich dann zu öffnen – vor allem emotional – und alle damit verbundenen Gefühle auszuhalten«, berichtete ein Wirtschaftsprüfer, »das hat mir die Augenhöhe zurückgegeben und mir geholfen, mit meiner Angst umzugehen.«

»Der eigenen Angst empathisch zu begegnen – Verständnis für sie zu haben, sie zu fühlen«, sagte ein Rechtsanwalt, »das erschien mir zunächst vollkommen absurd. Aber in dem Moment, als es mir gelang, war das Eis irgendwie gebrochen. Je mehr ich meine Angst verstand, umso mehr verstand ich mich selbst, und je mehr ich mich selbst verstand, desto besser gelang es mir, mit meiner Angst umgehen.«

Viele Betroffene versuchen, ihrer Angst rational zu begegnen – und bleiben voller Angst. Die Angst ist eine starke Emotion, und Emotionen lassen sich nur mit Emotionen auflösen.

Haben Sie einmal darüber nachgedacht, mit welcher Emotion Sie Angst begegnen könnten?

Mit Liebe. Und mit Annahme.

Seine Angst zu lösen heißt, sie anzunehmen. Es heißt, der Angst entgegenzutreten und sie zu umarmen – so lange, bis man spürt, dass sie in den eigenen Armen schmilzt. Angst essen Seele auf – Liebe isst Angst auf.

»Je länger ich die Angst in meiner Vorstellung umarmte«, sagte ein Manager, »desto mehr schwand sie dahin. Irgendwann fühlte ich, dass ich eigentlich mich selbst umarmte. Mit dem tiefen Gefühl der Gewissheit: So, wie ich bin, bin ich gut. Und in dem Moment, als ich dies spürte, war meine Angst verschwunden.«

Über den Umgang mit Gefühlen

Eine Ursache für geringe psychische Widerstandskraft ist die Unfähigkeit, mit den eigenen Gefühlen umzugehen. Viele Menschen nehmen ihre Gefühle gar nicht wahr oder aber sie sind ihnen hilflos ausgeliefert. Emotionen besitzen eine ausgeprägte Energie – sind wir nicht dazu in der Lage, mit ihnen umzugehen, dann fehlt uns ein entscheidendes Fundament für unsere Widerstandskraft.

In der Beratung erlebe ich drei verschiedene Muster, wie Betroffene mit den eigenen Gefühlen – nicht – umgehen und sich dadurch unmerklich immer weiter schwächen. Das Verständnis dieser Muster erleichtert eine einfache Typisierung:

1. Der Gefühlsdenker

Der »Gefühlsdenker« ist jemand, der seine Gefühle nicht fühlt, sondern denkt. »Gefühlsdenker« überlegen, was sie fühlen müssten – nachdem sie die Situation analysiert haben. Dann diktieren sie sich gewissermaßen das eigene Fühlen – in der Ableitung: Was müsste ich der Logik nach in dieser oder jener Situation fühlen?

2. Der Körperfühler

Viele Menschen, vor allem Männer, haben keinen bewussten Zugang zu ihren Gefühlen und fühlen stattdessen über den Körper. Der Körper wird für sie zum Spiegel der eigenen Gefühle und gleichzeitig zu einem Mittel, um sich überhaupt zu fühlen. Hierbei ist zum Beispiel der Sport für viele ein Mittel, über die körperliche Betätigung die eigenen negativen Gefühle abzureagieren und sich durch die körperliche Anstrengung und Leistung ein positives Gefühl zu vermitteln. Anstatt die Gefühle auch psychisch »zu verdauen« und zu lernen, mit ihnen umzugehen, »powern« die Betroffenen sich und ihre Emotionen über den Körper aus, um »runterzukommen«. Dies ist nicht grundsätzlich schlecht – kompensiert jedoch nur die eigentliche Problematik, anstatt sie zu lösen. Die Betroffenen bleiben ihren Emotionen gegenüber hilflos – und je nach körperlicher Verfassung mehr oder weniger stabil in Krisen und Belastungssituationen. Ein anderer Weg, der häufig eingeschlagen wird, ist die unbewusste Entwicklung von Körpersymptomen, über die sich die unterdrückten Emotionen dann Bahn brechen.

Menschen, die zu den »Körperfühlern« gehören, sind häufig der Meinung, solange sie nichts fühlten, ginge es ihnen gut. Sie erkennen erst über ihren Körper, wenn etwas nicht stimmt. Erst dann beginnen Sie unter Umständen, sich mit ihren Gefühlen auseinanderzusetzen.

Gerade Männer kommen oft erst dann zu mir in die Beratung, wenn sie körperlich erschöpft sind und unter Symptomen leiden, die organisch keine Ursache haben. Häufig auftretende Symptome sind Herz-Kreislauf-Probleme, ausgeprägte körperliche Erschöpfungserscheinungen und Rückenprobleme. Menschen dieses Typus haben Schwierigkeiten, Krisen zu meistern, weil sie lange Zeit nicht fühlen, dass sie überhaupt in einer Konfliktsituation sind. Wenn sie es dann zu spüren bekommen, wissen sie meist gar nicht, was genau in ihnen vorgeht. Sie stehen nicht nur hilflos vor der Situation, sondern auch vor den eigenen Gefühlen, und müssen, bevor sie die Krise überwinden können, erst einmal lernen, bewusst zu fühlen und die eigenen Gefühle zu differenzieren.

3. Der Kopflose

Der »Kopflose« bewegt sich am anderen Extrem der Skala. Menschen dieses Typus verlieren sich in ihrem Gefühl. Sie werden von den eigenen Gefühlen überschwemmt, ohne dass sie es merken, und leben in dem Irrglauben, alles wäre genau so, wie sie empfinden. Sie sind ein einziges Gefühl – sie *sind* das Gefühl. Dies führt dazu, dass sie zum Opfer ihrer eigenen Gefühle werden. Sie verlieren nicht nur Kraft durch Fehleinschätzungen und damit verbundene Fehlhandlungen in Form von Überreaktionen, sondern sie verbrauchen auch ungemein viel Energie, um wieder aus ihren Gefühlen »aufzutauchen« und einen klaren Kopf zu bekommen.

> Den eigenen Gefühlen auf Augenhöhe begegnen bedeutet, das Meer in sich zu fühlen, statt sich als Tropfen im Meer aufzulösen.

Diese Menschen haben häufig große Schwierigkeiten, Krisen zu meistern, weil sie Krisen verschlimmern, indem sie sie mit den eigenen Gefühlen überschwemmen – und sich selbst in diesen Gefühlen vollkommen auflösen.

Der richtige Umgang mit Emotionen ist essenziell für unsere Gesundheit und innere Kraft. Wer seinen Emotionen im Dialog begegnen kann, der wird erkennen, dass er dadurch nicht nur nicht an Kraft verliert, sondern ein hohes Maß an innerer Stärke gewinnt.

Selbstreflexion

Finden Sie zunächst in einer Bestandsaufnahme für sich heraus, zu welchem Gefühlstyp Sie gehören. Beantworten Sie dann für sich die Frage, was der Grund dafür ist. Sind es versteckte Ängste, innere Realitäten, die Sie in Ihrem Umgang mit Ihren Gefühlen beeinflussen? Dann gilt es diese zu lösen.

Machen Sie sich bewusst, mit welchen Gefühlen Sie nur schwer umgehen können. Ist es eher Wut oder Trauer? Aggression oder Liebe? Machen Sie sich Ihre Gefühle immer wieder im Alltag bewusst – halten Sie immer mal wieder kurz inne und fragen Sie sich »Wie fühle ich mich gerade?«, und üben Sie konkret gerade solchen Gefühlen gegenüber, die es Ihnen schwermachen, den Dialog.

Dies hieße konkret für das Beispiel Traurigkeit:

Sie erkennen, dass Sie traurig sind. Lassen Sie sich weder von der Traurigkeit überschwemmen noch wehren Sie diese ab. Lassen Sie sie zu.

Erkennen Sie sie, nehmen Sie sie auf – fühlen Sie sie – und geben Sie sie wieder ab, indem Sie einen Schritt zurücktreten und Distanz gewinnen. Sie können die Traurigkeit vor sich sehen. Es ist ein Wechselspiel zwischen »Ich bin traurig« und »Da ist Traurigkeit«.

Vielen Menschen fällt es schwer, Gefühlen gegenüber Augenhöhe zu bewahren. Entweder verschließen sie sich vor dem Gefühl und ziehen sich zurück oder sie verlieren sich in dem Gefühl.

Ein gutes Merkmal, ob Sie die Augenhöhe halten, ist, dass Sie sich selbst neben der Traurigkeit noch spüren. Sorgen Sie also dafür, dass Sie niemals nur Gefühl sind – sondern immer im Dialog mit Ihrem Gefühl stehen. Treten Sie Ihrem Gefühl gegenüber und blicken Sie es an. Wer sein Gefühl aus dem Blick verliert, wird unbemerkt zu seinem Gefühl. Er nimmt sich die Möglichkeit, dieses zu steuern, und unterliegt der Gefahr, sich darin zu verlieren.

Dies bedeutet nicht, dass Sie nicht intensiv fühlen sollen, was ist – im Gegenteil. Es heißt nur, dass Sie bei Bewusstsein bleiben. Viele Betroffene verwechseln dies mit Kontrolle und meinen, darüber ginge die Intensität verloren – das Gegenteil ist der Fall.

Stellen Sie sich vor, Sie seien ein Behälter, und »füllen Sie sich mit dem Gefühl aus« – nehmen Sie es so weit in sich auf, wie Sie wollen, regulieren Sie und finden Sie Ihr Maß. In dem Moment, in dem Sie jedoch zulassen, dass Ihr Gefühl zu Ihrem Behälter wird, werden Sie zum Tropfen im Meer ihres Gefühls – anstatt umgekehrt. Sich in dem Gefühl aufzulösen nimmt Ihnen nicht nur die Möglichkeit der Steuerung, sondern auch die Gefühlsqualität. Sie brauchen Ihr Bewusstsein, um zu fühlen – sich in dem Gefühl aufzulösen heißt, in eine Gefühlsohnmacht zu versinken. Die scheinbare Intensität, die dann gefühlt wird, entsteht nur aus dem Blickwinkel der Ohnmacht, der alles größer und mächtiger erscheinen lässt, als es in Wahrheit ist.

Für die innere Stärke ist es wichtig zu erkennen, dass wir unseren Gefühlen gegenüber das Ruder in der Hand halten. Wir entscheiden, wie mächtig unsere Gefühle sind – und zwar indem wir bewusst entscheiden, ob und wie wir ihnen begegnen. Sie zu verdrängen, sie klein zu machen, sich ihnen zu unterwerfen oder sich in ihnen aufzulösen – all das führt nicht zu einer Stärkung, sondern zu einer Schwächung.

Blicken wir auf unsere Gefühle herab, machen wir sie unnötig klein, blicken wir zu ihnen auf, machen wir sie unnötig groß – lösen wir uns in ihnen auf, machen wir sie übermächtig. Es gilt, den eigenen Gefühlen im Dialog auf Augenhöhe zu begegnen – und zwar jedem von ihnen: den »positiven« wie den »negativen«. Diese Fähigkeit ist eine grundlegende Fertigkeit, die jeder besitzen oder entwickeln sollte, um zu innerer Stärke zu finden. Es gilt, sich nicht von seinen Gefühlen beherrschen zu lassen, sondern sie im gesunden Sinne zu lenken und zu leben.

> Resilienz bedeutet, im Dialog mit den eigenen Emotionen zu sein, zu lernen, ihnen auf Augenhöhe zu begegnen.

Von den eigenen Gefühlen überschwemmt?

Viele Menschen berichten, dass sie häufig Angst haben in Konfliktsituationen und Krisen, von den eigenen Gefühlen überschwemmt zu werden. Deswegen beginnen sie, gegen ihre Gefühle anzuarbeiten.

Auch hier gilt das bereits beschriebene Prinzip »Je größer der Widerstand, umso größer der Kraftverlust«.

Widerstand kostet Energie. Je mehr wir gegen etwas ankämpfen, was in uns ist, umso mehr erschöpfen wir uns. Dies gilt auch für unsere Gefühle. Nehmen Sie alle Ihre Gefühle an – um dann einen Umgang mit ihnen zu finden.

Wenn die Gefühle Sie übermannen – egal, welche es sind: Wehren Sie sich nicht. Kämpfen Sie nicht dagegen an, sondern fühlen Sie. Fühlen Sie alles, was ist, und dann betrachten Sie es. Viele Menschen haben gerade in Momenten von tiefer Trauer, Wut, Verzweiflung, große Angst, den darin enthaltenen Schmerz nicht ertragen zu können, und beginnen, sich automatisch gegen das Gefühl zu wehren und dagegen anzukämpfen. Dies macht den Schmerz immer größer. Sie müssen alles fühlen, was in Ihnen ist – denn erst wenn Sie etwas gefühlt haben, können Sie es betrachten und dadurch die notwendige Distanz wiederherstellen.

Machen Sie sich bewusst, dass, solange Sie Ihre Emotionen mit dem Verstand kontrollieren, verdrängen oder fernhalten wollen, Sie am Ende immer in einer schwächeren Position sind. Die Gedankenkraft ist geringer als die emotionale Kraft. Früher oder später werden die Gefühle Sie einholen. Die Gefahr, dass Sie dann überschwemmt werden, ist groß, denn die Kraft, die Sie für die Unterdrückung gebraucht haben, fehlt Ihnen nun für den

> Wer seine Gefühle lenken will, der muss sie immer zuerst gefühlt haben.

> Resilienz setzt voraus, den eigenen Gefühlen auf Augenhöhe begegnen zu können. Erst wenn Sie dazu in der Lage sind zu fühlen, was ist, und einen Umgang damit zu entwickeln, bleiben Sie psychisch widerstandsfähig.

richtigen Umgang. Gefühle müssen gefühlt werden. Nur wer in Verbindung zu seinen Gefühlen steht, wird mit ihnen umgehen lernen und psychisch widerstandsfähig bleiben.

Täter und Opfer

Im folgenden Kapitel möchte ich zu einem Thema Stellung nehmen, das meiner Ansicht nach entscheidend für gesunde Beziehungen und auch entscheidend für die eigene Widerstandskraft ist: das Thema Täter und Opfer. Wenn über Resilienz gesprochen wird, dann wird gewöhnlich vor allem folgende Frage gestellt: Warum gelingt es manchen Menschen, massive Traumata durchzustehen und wieder ins Leben zu finden, während andere eine Krise mit objektiv gesehen geringerer Belastung nicht wirklich bewältigen können und an ihr zu zerbrechen drohen?

Meiner Erfahrung nach spielt die Bereitschaft, in jeder Situation die Augenhöhe zu suchen, eine entscheidende Rolle.

Und so ist es am Ende nicht die Erfahrung an sich, die maßgeblich dafür ist, ob wir sie bewältigen, sondern ob wir ihr als Opfer begegnen. Tun wir dies, so nehmen wir uns nicht nur die Möglichkeit, die Situation zu lösen, sondern wir verlieren sukzessive an psychischer Kraft.

Oft sind es jene Betroffene, die sich in einer Täter-Opfer-Konstellation befinden und sich selbst als Opfer erleben, die zu mir in die Beratung kommen.

Keine andere Position ist meiner Ansicht nach so schwer aufzugeben und kostet so viel Kraft wie die Position des Opfers.

Ich habe mich im Laufe jahrelanger Beratung immer wieder gefragt, was diese Position so mächtig macht. Es scheint die Kombination aus Hilflosigkeit und unbändiger Wut zu sein, die ihre Lösung vergeblich in der Anklage sucht und den Betroffenen gerade dadurch immer mehr Lebenskraft raubt.

Statt die verlorene Augenhöhe wiederherzustellen und in den Dialog einzutreten, tun sie das Gegenteil: Sie begeben sich immer mehr in den inneren Rückzug und beginnen, die andere Person als Verursacher anzuklagen. Anstatt sich selbst zu retten, erwarten sie die Rettung durch denjenigen, der ihnen das Leid »angetan« hat – sei es in Form von Wiedergutmachung, Anerkennung oder durch Rache. Es ist dramatisch zu sehen, wie sich Betroffene immer tiefer in denjenigen verkrallen, durch den sie das Leid erfahren haben, und jede Frage nach sich selbst als weiteren Angriff deuten und wütend bekämpfen müssen. So halten sie sich selbst in ihrem Leid gefangen, machen sich immer mehr zum Opfer und bewegen sich in der Abwärtsspirale nach unten.

DU bist Schuld!

> Die Täter-Opfer-Konstellation ist deswegen so dramatisch, weil das Opfer sich im Kampf gegen den vermeintlichen Täter selbst gefangen nimmt, indem es sich durch die Anklage immer mehr an ihn bindet. Erst in dem Moment, in dem erkannt wird, dass man sich selbst mit dieser Haltung schadet, ist Licht am Ende des Tunnels.

»Verantwortung trägt, Schuld erdrückt.«

Die einzige Möglichkeit, sich aus der Position des Rückzugs und der damit verbundenen Opferrolle zu befreien, basiert auf der Bereitschaft, sich von der Schuldfrage zu verabschieden und sich die Frage nach Verantwortung zu stellen. Solange die Frage nach Schuld gestellt wird, so lange herrscht Anklage – solange Anklage herrscht, herrscht Klage, kann keine Klärung stattfinden.

Wir können nur stark werden und stark wirken, wenn wir bereit sind, Verantwortung zu leben, und wenn wir bereit sind, uns aus jeder Situation selbst zu retten und das Leben selbst in die Hand zu nehmen. Diejenigen, denen es an Resilienz mangelt und die Schwierigkeiten haben, Krisen zu meistern, machen einen entscheidenden Fehler: Sie vermeiden es, den Blick auf sich selbst zu richten und sich in dem Moment ihrer Not die Frage nach eigener Verantwortung zu stellen.

Die Frage der Verantwortung stellen heißt, sich selbst zu fragen: Was ist mein Anteil an der Situation? Und was kann ich tun, um mich aus ihr zu befreien? Sie heißt nicht mehr: Was hast *du* getan, sondern: Was kann *ich* jetzt tun? Dahinter verbirgt sich die grundsätzliche Bereitschaft, für jede Situation, in der man sich befindet, Verantwortung zu übernehmen. Es ist die grundsätzliche Bereitschaft, Verantwortung für das eigene Leben zu übernehmen.

Die Frage nach Verantwortung birgt den Schlüssel zur Befreiung in sich. Wer sich wieder in die Verantwortung begibt, wird wieder zu sich selbst finden und dadurch zur eigenen Handlungsfähigkeit und Gestaltungskraft.

Nur wer sich in der Phase des Rückzugs die Frage nach der eigenen Verantwortung stellt, wird sich aus der Opferposition befreien können. Dies erfordert die Bereitschaft, bedingungslos leben zu wollen und auf Rettung durch das Außen zu verzichten. Diese Bereitschaft ist eine Grundvoraussetzung für Resilienz.

Für sich selbst zu sorgen, selbst in den schwierigsten Lebenssituationen und unter den ungerechtesten und grausamsten Bedingungen. Die Bereitschaft zu handeln, die Bereitschaft für Taten. Es ist der unbedingte Wille, bedingungslos leben zu wollen.

Was kann ich tun, um mich zu befreien?

Es ist wohl eine der größten Herausforderungen im Leben, sich auch in Situationen, in denen offensichtliches Unrecht herrscht, von der Erwartung verabschieden zu können, dass dieses Unrecht immer durch denjenigen, der das Unrecht verantwortet, bereinigt werden muss. Es ist wohl eine der größten Herausforderungen – und dennoch ist es die einzige Möglichkeit, sich selbst zu befreien und zurück ins Leben zu finden.

Psychische Widerstandskraft entsteht, wenn Betroffene bereit sind, die Verantwortung für sich selbst zu übernehmen. Immer. In jeder Situation. Wenn Sie aufhören zu verlangen, dass dies jemand anderes tut. Da, wo Betroffene aufhören zu klagen – in der Fremdanklage und in der Selbstanklage – und bereit sind zu handeln. Da, wo sie erkennen, dass sie niemanden haben außer sich selbst, der für sie Sorge trägt. Psychische Widerstandskraft entsteht, wo Betroffene die Bereitschaft für bedingungslose Selbstfürsorge entwickeln.
Wer nicht erkennt, dass die Frage nach der eigenen Verantwortung den einzigen Schlüssel zur Befreiung vom »Täter« birgt, wird gleichsam an diesem zugrunde gehen.
Resilienz setzt die Bereitschaft voraus zu erkennen: Ich habe niemand anderen außer mir selbst, der für mich sorgt.

Erst wer diesen Weg gegangen ist, wer bereit gewesen ist, auf Wiedergutmachung und Anerkennung zu verzichten, der wird begreifen, dass diese Haltung ihn nicht nur befreit, sondern auch stark gemacht hat. Er wird die Erfahrung gemacht haben, dass er selbst dazu in der Lage ist, sich zu heilen – auch dort, wo unverschuldetes Unheil über ihn gekommen ist.

Der Umgang mit Aggressionen

Wer in der Phase des Rückzugs das Gefühl hat, »Ich stehe mit dem Rücken zur Wand«, begeht viele Irrtümer, mit denen er seine Position zementiert und sich weiter schwächt: Einer der großen Irrtümer ist, dass Rache eine Lösung sei. In diesem Irrtum verlieren viele ihre letzte psychische Widerstandskraft. Machen Sie sich bewusst, dass Rache immer zur weiteren Schwächung führt. Sie bindet Sie an Ihr Gegenüber und hält Sie in der Situation gefangen. Es ist ein Irrtum, dass das eigene Leid verringert wird, wenn der andere auch leidet. Die Ihnen zugefügte Wunde bleibt – sie wird nicht besser dadurch, dass der andere auch zu bluten beginnt.

Ein Grund, warum Täter-Opfer-Konstellationen so schwer zu lösen sind, ist der, dass sie ein hohes Maß an fehlgeleiteter Aggressionen enthalten.

> Die Opferposition und den Rückzug verlassen heißt, die Aggression zu nutzen und ihr eine konstruktive Richtung zu geben – eine Richtung, die in die Befreiung führt.

Aggression ist an sich nichts Negatives – solange sie konstruktiv gelebt wird. In der Phase des Rückzugs jedoch ist die Aggression destruktiv geworden. Dies ist die Ursache für die eigene Schwächung. Es gilt, die Aggression nicht mehr auf das Außen zu richten, sondern für sich selbst zu nutzen. Menschen, die über Resilienz verfügen, unterscheiden sich in genau diesem Punkt von denjenigen mit geringer Resilienz: Sie nutzen ihre Aggression, um sich selbst aus der Situation zu befreien, anstatt den anderen vergeblich zu bekämpfen.

Selbstreflexion

Wenn Sie spüren, dass Sie sich in der anklagenden Opferrolle befinden, hören Sie auf, auf den anderen zu zeigen. Sagen Sie nicht mehr: »Er/Sie hat getan«, sondern sprechen Sie von sich. »Was habe *ich* getan oder nicht getan?« Sagen Sie konsequent »ich«. Dies wird umso schwerer für Sie sein, je ungerechter die Situation ist, in der Sie sich befinden – es wird aber am Ende Ihr einziger Weg zur Befreiung sein – gerade wenn das Gegenüber nicht bereit ist, seinen Anteil anzuerkennen. Nutzen Sie selbst die größte Ungerechtigkeit, um für sich zu lernen und an ihr zu wachsen.

Wachsen können Sie dadurch, indem Sie den anderen, von dem Sie sich verletzt fühlen, als Spiegel Ihrer selbst nehmen, der Ihnen aufzeigt, was Ihnen fehlt. Fühlen Sie sich zum Beispiel schlecht oder respektlos behandelt, fragen Sie sich in dem Moment danach, wie respektvoll Sie sich eigentlich behandeln – und sorgen Sie bei sich für die notwendige Veränderung. So werden Sie stark – und im Außen wirkliche Lösungen finden. Die Erkenntnis, dass andere Menschen nicht selten nur ein Spiegel unserer selbst sind, die uns aufzeigen, was uns fehlt, wird Ihnen helfen, sich aus vielen aussichtslosen Kämpfen zu befreien, die Sie psychisch erschöpfen.

Gerechtigkeit – Austausch – Gleichgewicht

»Ein Miteinander braucht Vergebung und Verantwortung.«

Wer die Bereitschaft, Verantwortung zu übernehmen, dahingehend versteht, dass dies die Verantwortung des Gegenübers ersetzt, der irrt sich. Echte Begegnung kann nur stattfinden, wenn ein Gleichgewicht zwischen Nehmen und Geben besteht. Dieses Gleichgewicht ist Ausdruck des Dialoges und gleichzeitig Grundlage dafür. Dies gilt auch für die Übernahme von Verantwortung. Wenn nicht alle Beteiligten bereit sind, Verantwortung an der Situation zu übernehmen und ihrem Gegenüber entsprechend zu begegnen, dann entstehen Situationen, in denen ein Miteinander nicht mehr möglich ist.

Meiner Erfahrung nach kann jede Verletzung von dem Betroffenen selbst geheilt werden. Die Annahme, wir brauchten die Anerkennung des Täters, um wieder »heil und ganz« werden zu können, ist ein Trugschluss. Wir können »heil werden« und uns aus einer krisenhaften Situation befreien, ohne dass der Täter Verantwortung übernimmt. Unsere Beziehung hingegen kann nur gerettet werden, wenn auch das Gegenüber bereit ist, sich in die Verantwortung zu begeben. Ist dieses zu diesem Schritt nicht bereit, besteht innerhalb der Beziehung eine zu große Schräglage. Das heißt, dass derjenige, der die Verletzung erfahren hat, gehen muss, wenn er gesund werden will.

Dasselbe gilt auch umgekehrt. Ist der Verletzte nicht bereit, Verantwortung für seine Heilung zu übernehmen und sich auf Augenhöhe zu begeben, kann weder seine Verletzung noch die

Beziehung wieder heilen. Im Gegenteil, diese Konstellation ist am Ende die leidvollste für alle Beteiligten. Sie ist überall dort zu finden, wo Schuld und der Anspruch auf Wiedergutmachung herrschen.

Viele Beziehungen zerbrechen daran, dass der eine grenzenlos Schuld abträgt und der andere Wiedergutmachung fordert – und beide vergebens auf Heilung warten.

Ob es die betrogene Ehefrau ist, die von ihrem Mann Wiedergutmachung einfordert, oder der Mitarbeiter, der unter einer Fehlentscheidung seines Kollegens oder Vorgesetzten zu leiden hatte – solange in einer Beziehung Wiedergutmachung eingefordert und Verantwortung mit Schuldabtragung verwechselt wird, so lange ist diese zum Scheitern verurteilt.

»Schuldabtragung« ist immer ein Fass ohne Boden, an dem viele Betroffene scheitern und viele Beziehungen zerbrechen – sie ist die Umkehr der ursprünglichen Täter-Opfer-Konstellation. Hier muss dann der Verursacher irgendwann die Konsequenzen ziehen und gehen, wenn er nicht selbst zum Opfer der vergeblichen Schuldabtragung werden will.

Sich gemeinsam aus der Täter-Opfer-Konstellation befreien

Ein zentraler Grund, warum Verletzungen und verletzte Beziehungen nicht geheilt werden, ist, dass beide Beteiligten nicht bereit sind, gemeinsam die Verantwortung für die Situation zu übernehmen.

Was bedeutet dies nun für die Resilienz des Einzelnen? Wie können »verletzte« Beziehungen wieder resilient werden?

Zunächst gilt es für alle Beteiligten anzuerkennen, dass

das, was geschehen ist, niemals wiedergutzumachen ist. Es gibt keine Wiedergutmachung. Ist eine Wunde gerissen, so ist sie da. Die einzige Möglichkeit, richtig mit der Verwundung umzugehen, ist, der eigenen Verantwortung Rechnung zu tragen und zu schauen, was jeder tun kann, damit die Wunde heilt. Für denjenigen, der verletzt hat, heißt dies, dem Betroffenen zu sagen: »Ich erkenne meinen Fehler an und sehe, welches Leid ich dir dadurch zugefügt habe. Ich bin bereit, die Verantwortung für mein Handeln zu übernehmen, und frage dich, was ich zur Heilung der Verletzung beitragen kann, die ich verursacht habe.« Nicht im Sinne einer Schuldabtragung oder einer Wiedergutmachung, sondern im Sinne der Übernahme von Verantwortung.

Für den Verletzten heißt dies, offen zu antworten, was er braucht, damit seine Wunde heilen kann – nicht im Sinne einer Bestrafung, sondern im Sinne der eigenen Not und darin enthaltenen Notwendigkeit. Dieser Prozess kann allerdings nur heilsam sein, wenn er auf Augenhöhe im Dialog stattfindet – und jeder der Beteiligten auch sich selbst gegenüber die Augenhöhe hält.

> Nur aus der Position der Augenhöhe ist eine realistische Sicht auf eine Verletzung möglich.

Für denjenigen, der verletzt hat, heißt dies, dafür geradezustehen, was er dem anderen angetan hat, und ihm auf dieser Grundlage aufrecht und helfend gegenüberzutreten.

Für den Verletzten heißt dies, sich zu fragen, was der eigene Anteil an der Situation war, und sich von der Anklage und der Forderung nach Wiedergutmachung zu verabschieden.

Beide, Täter und Opfer, haben ihren ursprünglichen Blickwinkel zu verlassen, damit eine Heilung möglich wird.

Der Blickwinkel aus dem Rückzug heraus lässt die Dinge viel schwerwiegender und größer erscheinen, als sie sind. Die falsche Beurteilung befeuert das eigene Leiden und vergrößert das Leiden. Der Blickwinkel aus der Macht und Dominanz heraus verkleinert das Leid und verstärkt es dadurch ebenfalls.

Beide, Täter wie Opfer, haben zu ihrer eigentlichen Größe zurückzufinden. Der eine muss den aufschauenden Blick aufgeben, der andere den herabwürdigenden. Beides ist eine Herausforderung. Beides ist mit Emotionen verbunden.

Täter und Opfer – beide haben einen Prozess zu durchlaufen

Was am Ende schwerer wiegt – das Anerkennen, jemand anderem Leid zugefügt zu haben, oder die Erfahrung von erlittenem Leid –, mag jeder für sich beurteilen.

> Solange von unten nach oben geschaut wird, kann derjenige, der die Verletzung verursacht hat, alles Erdenkliche tun und jede Verantwortung übernehmen – es wird nie genug sein und die Situation wird kein Ende nehmen.

Meine Erfahrung zeigt, dass derjenige, der die Verletzung erfahren hat, häufig den schwierigeren Prozess zu durchlaufen hat. Er muss sich durch tiefe Emotionen hindurcharbeiten – ob es Angst, Abhängigkeit ist oder Wut –, um überhaupt zurück zur Augenhöhe zu finden, und er steht vor der großen Herausforderung, bereit zu sein, Verantwortung für die Heilung einer Verletzung zu übernehmen, die er selbst nicht verursacht hat. Dies erfordert Größe. Doch auch derjenige, der den Blick von oben herab aufgibt, muss sich tiefen Emotionen stellen. Vor allem dem Gefühl der Angst. Der Angst vor den eigenen Schattenseiten und der damit verbundenen »Kleinheit«. Auf seinem Weg wird er seinerseits das Gefühl der Hilflosigkeit kennenlernen. Die Täter-Opfer-Dynamik aufzugeben ist ein spiegelverkehrter Prozess – und indem diesen beide Beteiligten durchlaufen, tun sie bereits einen Schritt in Richtung Heilung.

Der Weg ist ein Teil des Ziels

Gemeinhin erkennen Betroffene erst im Nachhinein, dass die beschriebenen Schritte die entstandene Wunde bereits heilen lassen. Auch wenn diejenigen, die verletzt worden sind, die größere Herausforderung zu überwinden und mehr Arbeit zu bewältigen haben, so sind sie auch diejenigen, die am Ende am meisten gestärkt aus einem solchen Prozess hervorgehen. Sie machen die Erfahrung, dass sie schließlich stärker geworden sind, als sie es vor der Verletzung waren. Sie sind durch die Verletzung und deren Heilung gewachsen.

> Verletzungen stärken, wenn die Verwundeten bereit sind, Verantwortung für die eigene Heilung zu übernehmen – sie schwächen und lassen ausbluten, wenn erwartet wird, dass der Verursacher sie gesund macht – und sie zerstören, wenn zusätzlich noch Wiedergutmachung verlangt wird.

Selbstreflexion

Dort, wo Beziehungen bestehen, entstehen immer auch Verletzungen. Dies gehört zum menschlichen Leben dazu. Wie kann im Sinne der eigenen Resilienz mit Verletzung umgegangen werden? Ich möchte Ihnen dafür ein Bild aus der Medizin nahelegen:

Wird unser Organismus von Erregern befallen, schüttet er augenblicklich Botenstoffe aus, die die Schädlinge erkennen und angreifen. Diese Reaktion lässt sich auf die psychische Ebene übertragen: Wer eine Verletzung erfahren hat, sollte den Genesungsprozess unmittelbar selbst aktiv einleiten. Seelische Botenstoffe wären Verantwortung und Augenhöhe – und damit verbunden die Bereitschaft, wieder in den Dialog zu treten.

Machen Sie sich bewusst, dass das Verharren in der anklagenden Wiedergutmachung die Wunde gleichsam »eitern« und Sie und die Beziehung mit der Zeit »ausbluten« lässt.

Resilienz entsteht in einer Atmosphäre beiderseitiger Bereitschaft für Verantwortung. Und die Bereitschaft für Verantwortung basiert auf der Fähigkeit zum Ich, der Fähigkeit zum Du und einer tiefen Bereitschaft zum Wir. Sie geht verloren, wenn sich ein System aus Macht und Ohnmacht, Schuld und Anklage verselbstständigt. Wer sich als Opfer in einer Beziehung fühlt, der hat sich die Frage nach dem Ich zu stellen – der hat das Ich im Wir zu entdecken, indem er sich die Frage stellt: Was kann ich tun? Der Täter hingegen hat im Wir das Du zu entdecken, indem er die Frage stellt: Was kann ich für dich tun – was brauchst du?

Narzissmus oder »Ich bin nichts und muss im Außen alles sein«

Wer resilient werden will, der kommt nicht umhin, sich irgendwann auf dem Weg dorthin die Frage nach der eigenen Identität zu stellen. Je unechter, je falscher die Identität, umso geringer die psychische Widerstandskraft. Im Folgenden möchte ich Ihnen ein Lebensprinzip vorstellen, dem sich viele Menschen mit geringer Resilienz unbewusst unterworfen haben: das Prinzip des Superlativs.

Grundlage für dieses Prinzip ist eine Persönlichkeitsstruktur, die man auch bei Burn-out-Patienten findet: den Narzissmus.

Menschen, die nach dem narzisstischen Prinzip leben, suchen ihre Identität vergeblich im Außen. Sie bauen sich eine Scheinidentität auf, weil ihnen die Grundlage für Gesundheit und Widerstandskraft fehlt: die Beziehung zu sich selbst. Anstatt mit sich in Beziehung zu stehen, sind sie vor sich selbst auf der Flucht.

Den meisten von uns ist der Narzissmus ein Begriff, die wenigsten wissen jedoch um das Dilemma, welches sich dahinter verbirgt und welches das Gleichnis von Narziss anschaulich beschreibt:

Auf der Suche nach sich selbst, nach der eigenen Identität, sucht Narziss sich in allen Spiegeloberflächen zu finden – in den

Augen der Menschen, in den Spiegeln oder in Fensterscheiben. Das Gleichnis endet damit, dass er an einen See kommt und auf der Wasseroberfläche sein Spiegelbild entdeckt. Er ist so entzückt, dass er sich berühren will. Er beugt sich vor, und in dem Moment, als seine Finger die Wasseroberfläche berühren, zerfällt sein Spiegelbild. Dieser Moment beschreibt das eigentliche Drama des Narzissten: Wenn ich mit mir in Berührung komme, dann zerfalle ich, dann löse ich mich auf – dann bin ich nichts.

> Wer nicht weiß, wer er wirklich ist, der sucht sich in der Welt – ob es im materiellen Besitz ist, in einer Position oder in einem anderen Menschen – und schwächt sich darüber massiv.

Wer die Überzeugung in sich trägt, nichts zu sein, der muss versuchen, im Außen alles zu sein – und dieses Alles zeigt sich in der Suche nach dem grenzenlosen Superlativ.

Doch wer das Gleichnis richtig liest, wird nicht nur Zerstörung darin finden, sondern auch den Schlüssel zu seelischer Gesundheit: die Suche nach sich selbst als Gegenüber. Die Suche nach Begegnung mit sich selbst. Die Suche nach Kontakt mit sich selbst. Narziss' Geschichte zeigt das gesunde Bedürfnis, mit sich selbst in Berührung zu kommen – als Grundlage für die eigene Identität und damit verbundene Widerstandskraft.

Je narzisstischer ein Mensch ist, desto geringer ausgeprägt ist seine psychische Widerstandskraft. Man kann einen nahezu antiproportionalen Bezug zwischen der inneren Widerstandskraft und der äußeren Scheinidentität herstellen. Je wichtiger einem Menschen sein äußerer Schein ist, desto geringer seine Resilienz.

Nur wer zu seiner Persönlichkeit gefunden hat, hat inneren Halt gefunden und vermag Situationen so zu beurteilen, wie sie tatsächlich sind

> Je schwächer, je unechter die Identität einer Person ist, umso schneller neigt sie dazu, die Situation als bedrohlich einzuschätzen – und dementsprechend zu reagieren.

Es ist unsere Bewertung der Situation, die darüber entscheidet, ob wir in Stress geraten oder nicht – und wir geraten immer dann in Stress, wenn wir uns in unserer Person, unserem »Überleben« bedroht fühlen. Das Gefühl der Bedrohung hängt maßgeblich mit der eigenen Identität zusammen. Es setzt dann ein, wenn wir uns in dieser bedroht fühlen.

> Ein zentraler Punkt für geringe Resilienz, für Stressanfälligkeit liegt darin begründet, dass die Kraft nicht in sich selbst, sondern in der Umwelt gesucht wird.

Ob Stress auftritt, hängt davon ab, wie wichtig das, was wir wollen, für uns ist. Je mehr wir uns mit einer Sache, Person oder Situation identifizieren – je mehr wir in der Identifikation gleichsam »selbst zu der Sache werden« –, umso stärker ist ihre Bedeutung und umso größer ist der Stress für uns, wenn sie unseren Vorstellungen nicht genügt.

Stress entsteht durch unsere subjektive Bewertung, und unsere Bewertung hängt davon ab, wer wir sind – und wer wir nicht sind

Je narzisstischer, je falscher unser Selbstbild ist, desto unsicherer fühlen wir uns und desto schwächer begegnen wir dem Leben.

Wir neigen viel schneller dazu, uns bedroht zu fühlen und dementsprechend falsch zu reagieren. Zusätzlich verlieren wir unsere Kraft, indem wir sie in die Aufrechterhaltung unseres falschen Selbstbildes und fragilen Lebensgerüsts verschwenden, anstatt sie in uns selbst zu investieren.

> Je nachdem, worin wir unsere Identität suchen und finden, werden wir die Erfahrung von Stress, von Stärke und von Schwäche machen. Nur wer weiß, dass er mehr ist als alles, was ihn umgibt, wird Krisen meistern können.

Menschen, die sich selbst als stressanfällig und wenig resilient beschreiben, unterscheiden sich in ihrer Identität von denjenigen, die Krisen meistern, in einem zentralen Punkt: Sie suchen ihre Identität im Außen – anstatt in sich selbst. Sie haben sich mit ihrer Partnerschaft, mit ihrer Position, mit bestimmten Lebensbereichen identifiziert – und sich und die eigene Selbstbestimmtheit darüber verloren. Als sich ihre Lebensumstände änderten, mussten sie demgemäß in eine tiefe Krise abrutschen.

Menschen, die Krisen meistern, ist stets bewusst, dass sie mehr sind als die Situation, unter der sie leiden.

> Wer das eigene Leben nicht durch sich selbst findet, der wird das Leben nicht bewältigen können. Er wird in dem Gefühl gefangen sein, sein Leben zu verlieren, wenn das Leben sich verändert.

Wer an seiner psychischen Widerstandskraft arbeiten will,

wer stark durchs Leben gehen und dem Leben stark begegnen will, der kommt nicht um die Erkenntnis herum, dass der eigentliche Halt in ihm selbst zu suchen und zu finden ist. Wer das eigene Leben nicht durch sich selbst findet, der wird das Leben nicht bewältigen können. Er wird in dem Gefühl gefangen sein, sein Leben zu verlieren, wenn das Leben sich verändert.

Wenn Sie sich also die Frage nach der eigenen Resilienz stellen, dann gilt es, sich auf die Suche nach der eigenen Identität zu machen. Es gilt, sich von der Frage zu verabschieden, wer Sie sein wollen, und sich die Frage zu stellen, wer Sie tatsächlich sind.

Resilient zu werden heißt, sich vom Superlativ zu verabschieden und innezuhalten. Innezuhalten auf der Flucht vor sich selbst. Innezuhalten auf der atemlosen Suche nach mehr. Innezuhalten und sich der Angst zu stellen, nichts zu sein. Innezuhalten und den Dialog mit sich selbst aufzunehmen. Innezuhalten und zu akzeptieren, was tatsächlich ist – man selbst.

Selbstreflexion

Je mehr Sie Ihre Identität im Außen suchen, je mehr Sie Ihre eigene Bedeutung in eine Situation/Sache/Person hineinprojizieren, umso unsicherer und »störanfälliger« werden Sie.

Überprüfen Sie in Ruhe, worauf Sie Ihre Identität gründen. Woran messen Sie Ihre Bedeutung? Was ist für Sie das Wichtigste in Ihrem Leben?

4. Kapitel

Wege in die Resilienz

Authentizität, das Geheimnis innerer Stärke

Haben Sie einmal zu lange laute Musik gegen Ihren Willen hören müssen? Und wie haben Sie reagiert? Haben Sie sich mit aller Kraft dagegen gewehrt und versucht, sich der Wahrnehmung für Ihre Umgebung zu verschließen? Haben Sie aufgehört zu hören?

Menschen, die über geringe Resilienz verfügen, haben gleichsam aufgehört zu hören, weil sie sich zu lange in einer für sie falschen und zu lauten Umgebung aufgehalten haben.

Sie haben sich Umstände zugemutet, die ihnen zuwider waren, doch anstatt sich daraus zu lösen, haben sie sich von ihrer Wahrnehmung und am Ende von sich selbst gelöst. Sie waren im übertragenen Sinn nicht mutig genug zu sagen: »Stell die Musik leiser, lass uns eine andere Musik auflegen«, oder aber die Situation ganz zu verlassen.

Im Frühjahr kann man Narzissen als Blumenzwiebeln kaufen, die dann im Topf zu ihrer Blüte finden. Zu Hause blühen sie eine Zeit lang. Und wissen Sie, was die Blumen tun, wenn man Sie ans Fenster stellt? Sie wenden Ihre Köpfchen dem Licht zu – so wie es die Sonnenblumen auf den Feldern tun.

Betroffene, die aufgrund von Erschöpfung und geringer Resilienz zu mir in die Beratung kommen, haben diese wesentliche Fähigkeit verloren – die Fähigkeit, sich dem Licht zuzuwenden.

Für unsere psychische Widerstandskraft ist ein wesentliches Leben Grundvoraussetzung. Ein authentisches Leben ist ein Muss für innere Stärke und Widerstandskraft. Wir brauchen das Echte in unserer Umgebung, die Begegnung mit dem Echten, um uns selbst zu spüren, und gleichzeitig müssen wir authentisch sein, um das Wahrhafte um uns herum zu erkennen.

Wenn Sie einmal überlegen, woraus Sie am meisten Kraft schöpfen: Sind es nicht Momente wahrhaftiger Begegnung? Das Gefühl von Geborgenheit, das Gefühl, gesehen zu werden, das Gefühl, angenommen zu werden, so, wie man ist? Sind es nicht jene Momente, die uns stärken, in denen wir fühlen, dass wir im inneren und äußeren Dialog sind? In denen wir spüren, dass das, was wir erleben, bedingungslos ist, und ein echter Ausdruck unseres Selbst entsteht? Psychische Widerstandskraft entsteht nicht durch Härte oder durch das Erlernen von Strategien oder Techniken. Kraft entsteht dort, wo Begegnung stattfindet – Begegnung mit Wahrheit und mit dem Wesentlichen.

> Resilienz kann nur in Authentizität entstehen und durch Authentizität bestehen bleiben.

Wer in seinem Leben vorgibt, ein anderer zu sein, als er tatsächlich ist, wer nicht für das eintritt, was für ihn wesentlich ist, wer sich nicht mit einem »wesentlichen Leben« umgibt, wird stetig an Kraft verlieren, so lange, bis sein Energiekonto leer ist.

Ein authentisches Leben in den sechs Lebensbereichen

Resilientes Leben heißt, dass Sie sich immer dem »Licht« des Wahrhaftigen und für Sie Wesentlichen zuwenden – wenn Sie dies nicht tun, verkümmern Sie und verwelken wie eine Sonnenblume im Schatten.

Doch was heißt es konkret, ein Leben im Licht zu führen? Was ist unter einem wesentlichen Leben zu verstehen und welche Grundlage brauchen wir dafür?

> Menschen, denen es an Resilienz mangelt, führen häufig – im übertragenen Sinn – ein Leben im Schatten – und werden darüber immer mehr zum Schatten ihrer selbst.

Eine Orientierung dafür bietet das sogenannte Käfermodell. Dies beschreibt die sechs zentralen Lebensbereiche im Leben eines Menschen.

Wer auf der Suche nach einem authentischen und resilienten Leben ist, der sollte sich die Frage stellen, ob er alle sechs Lebensbereiche ausgebildet hat und in jedem zu seiner wahren Identität gefunden hat.

Je mehr Lebensbereiche ausgebildet sind – und zwar dem eigenen Wesen gemäß –, umso resilienter und stabiler kann ein Mensch sein Leben gestalten. Wenn in jedem Lebensbereich ein innerer und äußerer Dialog herrscht, man also sagen kann: »Ich bin mit meinem Umfeld im Dialog auf Augenhöhe – ich stehe dort, wo ich stehen will – dieser Lebensbereich entspricht mir – ja, das bin ich – und hier fühle ich mich zu Hause«, dann hat man die beste Grundlage für ein gesundes und kraftvolles Leben.

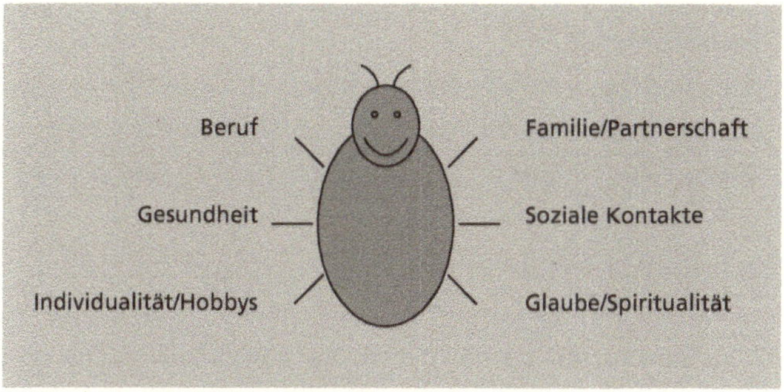

Das Käfermodell der sechs Lebensbereiche:
Die Anzahl der Beine entscheidet über den »Lauf des Lebens«.

Je mehr Sie sich in jedem der sechs Bereiche zu Hause fühlen, umso mehr Kraftquellen verfügen Sie und umso sicherer stehen Sie im Leben. Menschen, die sich in ihrem Leben in ihrer psychischen Kraft erschöpft hatten, befanden sich in den meisten Lebensbereichen nicht mehr im Dialog. Viele Betroffene verfügten nur über ein bis zwei Lebensbereiche oder stellten beim näheren Betrachten fest, dass sie zwar ein im Außen reiches und scheinbar vollständiges Leben führten, sich in ihrem Inneren jedoch arm und leer fühlten, da es nicht »ihr« Leben war.

> Psychische Widerstandskraft entsteht dort, wo Heimat ist. Wer ein Zuhause hat, der kann dort nicht nur Kraft tanken, sondern er fühlt sich auch sicher und geborgen im Leben.

Je heimatloser ein Mensch ist, umso unsicherer steht er im Leben, denn ihm fehlt der Schutz eines Zuhauses. Resilienz entsteht dort, wo Heimat ist – ein sicherer Ort im Außen – und im Inneren. Die Heimat eines äußeren Zuhauses und der eigenen Identität.

Selbstreflexion
Überprüfen Sie Ihr eigenes Leben bezüglich der sechs Lebensbereiche. Ist jeder Lebensbereich bei Ihnen ausgebildet? Befinden Sie sich im Dialog?

Ehrlichkeit sich selbst gegenüber

Wenn Sie einmal kurz innehalten, das Käfermodell betrachten und dann überlegen – für wie authentisch halten Sie Ihr Leben? Für wie authentisch halten Sie sich in Ihrem Leben? Sind Sie tatsächlich der, der Sie vorgeben zu sein?

Oder haben Sie sich, wie viele andere, denen es an psychischer Widerstandskraft mangelt, im Laufe Ihres Lebens immer mehr unbemerkt in den Kreislauf des Nicht-Echten – des Unwesentlichen – begeben?

»Das Ganze war ein schleichender Prozess«, sagte ein Manager. »Ich hätte nie gedacht, wie man sich unbemerkt ein Leben auf Unwahrheiten aufbauen kann und darüber immer mehr die eigene Wahrhaftigkeit verliert. Ich wusste schon seit längerer Zeit, das meine Ehe vorbei war, mir haben wesentliche Aspekte des Miteinanders einfach gefehlt. Anstatt dafür einzutreten, habe ich mich damit arrangiert. Ich habe meine Wünsche ›abgestellt‹, mich den Umständen gefügt und bin selbst immer unechter geworden. Am Ende habe ich mich selbst gar nicht mehr erkannt.«

Ein Lehrsatz der Psychologie lautet: »Das Unbewusste sucht und findet stets das Unbewusste.« – Sie können auch eine bekannte Redewendung zurate ziehen: Wie man in den Wald hineinruft, so schallt es heraus.

Wer echt ist, wird das Echte finden, wer unecht ist, zieht das Unechte an. Sie können nur ein wesentliches Leben führen, wenn Sie selbst authentisch sind. Gleichzeitig können Sie nur authentisch bleiben in einer wahrhaftigen Umgebung. Grundlage dafür sind der innere und der äußere Dialog. Sie brauchen den inneren Dialog, um sich zu erfahren, zu spüren und in Ihrem Wesen zu erkennen. Nur so können Sie wissen, was Sie wirklich brauchen. Je blinder Sie sich selbst gegenüber sind, umso blinder werden Sie auch für das Wesentliche in der Welt werden. Den äußeren Dialog brauchen Sie ebenso, denn durch die Begegnung mit der äußeren Wahrhaftigkeit werden Sie in Ihrer eigenen gefördert und gestärkt – und gleichzeitig davor bewahrt, sich in falschen Vorstellungen zu verlieren. Ein authentisches Leben ist immer das Wechselspiel aus innerem und äußeren Dialog – fehlt das eine oder das andere, kann es nicht gelingen.

Authentizität – der Mut zu sich selbst

> Ein authentisches Leben im Außen erfordert immer die Wahrhaftigkeit sich selbst gegenüber. Daran scheitern die meisten Menschen, denen es an Resilienz mangelt.

Viele Menschen führen kein authentisches Leben, nicht weil sie nicht wissen, wer sie in Ihrem Wesen sind, sondern weil sie nicht mutig genug sind, dafür einzustehen. Sie haben Angst vor den Konsequenzen. Weil sie ihre Identität im Laufe ihres Lebens immer mehr im Außen aufgebaut haben, erscheint ihnen der befürchtete Verlust viel größer als der Verlust ihrer selbst. So schweigen sie in Momenten, in denen sie reden sollten, und verstummen im Laufe ihres Lebens, bis sie sich selbst darüber ganz vergessen haben.

»Manchmal, in kurzen Momenten«, sagte eine Lehrerin, »da wurde ich traurig und dachte daran, wie ich war, als ich jung war. Da habe ich mich so lebendig, so stark, so mutig gefühlt. Lange Zeit dachte ich, das wäre das Alter – jetzt erkenne ich, dass ich damals – im Gegensatz zu heute – einfach noch den Mut hatte zu sagen, wer ich war und was ich brauchte.«

»Damals habe ich gelebt, weil ich mich gelebt hatte«, sagte ein Manager, der sich über seiner beruflichen Karriere immer mehr selbst verloren hatte und wegen einer tiefen Erschöpfung und aufgrund des Gefühls, nur noch zu funktionieren, in die Beratung kam.

Authentizität erfordert Mut zu sich selbst. Dieser Mut ist bei Menschen mit geringer Resilienz kaum ausgeprägt, und das ist eine entscheidende Ursache für deren Mutlosigkeit dem Leben gegenüber. Wer dem Leben kraftvoll begegnen und sich Herausforderungen stellen will, der kann dies nur, wenn er den Mut aufbringt, zu sich selbst zu stehen. Zu sich zu stehen und zu dem, was man in sich spürt. Zu sich zu stehen und der zu sein, der man ist.

> Das Ja zu sich selbst ist nicht mit Selbstverliebtheit zu verwechseln – es ist die Begegnung mit sich selbst, die Freude über sich selbst und auf dieser Grundlage die Möglichkeit, offen, mutig und freudig in die Welt hinaustreten zu können.

Authentizität im Außen setzt im Inneren ein bedingungsloses Ja zu mir selbst voraus

Wissen Sie, was einer der zentralen Gründe dafür ist, dass Menschen nicht mutig genug dazu sind, im Leben authentisch zu werden? Ihnen fehlt das bedingungslose Ja sich selbst gegenüber.

Die bedingungslose Annahme der eigenen Person ist Ausdruck des inneren Dialoges und die Fortführung seiner zentralen Voraussetzung: der Wertschätzung sich selbst gegenüber. Wer nicht auf dem sicheren Boden der Selbstannahme steht, der kann kein authentisches Gegenüber im Außen bieten – er hat Angst zu vertreten, wer er ist, wird seine Meinung dementsprechend schwach äußern und immer wieder »einbrechen«. Er ist nicht in der Lage, inhaltlich zu diskutieren und um der Sache willen zu handeln. Er ist nicht wirklich dazu in der Lage, wesentliche Beziehungen zu führen, weil er dazu neigt, alles sehr schnell persönlich zu nehmen. Er reagiert schneller emotional als ein Mensch, der in sich ruht – entweder aggressiv in der Verteidigung oder depressiv im ängstlichen Rückzug. Reaktionen, die der Situation an sich genauso wenig angemessen sind wie der Person, die ihm gegenübersteht.

Das Ja zu sich selbst entscheidet über unsere Begegnung mit der Welt und über unseren Mut und unsere Fähigkeit, uns ein wesentliches Leben aufzubauen.

> Die Grundlage für Resilienz und Authentizität ist das bedingungslose Ja sich selbst gegenüber. Wir können uns nur im Außen mutig vertreten, wenn wir uns selbst bedingungslos annehmen.

Wer sich selbst angenommen hat, der wird für sich sorgen können – weil er gar nicht anders kann, als selbstverantwortlich zu handeln. Er wird selbstverständlich »das Licht« suchen und mutig für »die richtige Musik« in seinem Leben sorgen.

Psychische Widerstandskraft setzt jedoch nicht nur voraus, Notwendiges für sich einzufordern, sondern auch, Notwendiges zu geben. Resilienz bedeutet jedoch nicht nur ein Von-der-Welt-Nehmen, – sondern auch ein Sich-der-Welt-Geben. Wer sich selbst sieht, erkennt und annimmt, der kann auch die Welt um sich herum sehen, erkennen und annehmen. Erst auf diesem Boden kann ein friedvoller, wertschätzender und vor allem sozialer Umgang stattfinden – erst auf diesem Boden können Auseinandersetzungen geführt werden, ohne den anderen zu bekriegen. Trennungen können stattfinden, ohne einander zu verletzen. Konflikte können gelöst, bereinigt und abgeschlossen werden – wenn sie überhaupt entstehen.

Das Problem der fehlenden inneren Selbstannahme mündet nicht nur in der Unfähigkeit, Krisen zu meistern, sondern bedingt auch eine ausgeprägte Abhängigkeit und Ängstlichkeit im Außen. Wer sich selbst nicht annimmt, der ist abhängig davon, dass die Welt ihn annimmt. Dies wirkt sich auf jede Diskussion, auf jeden Dialog, auf jede Begegnung aus.

Selbstreflexion

Existiert in mir ein bedingungsloses Ja zu mir?
Wenn nicht, wie kann ich dies entwickeln? Diese Fragen sollte sich jeder Mensch, der resilient werden möchte, stellen.

Menschen mit geringer Resilienz, denen es schwerfällt, für sich selbst einzustehen, haben in den ersten Lebensjahren die Erfahrung gemacht, dass ihnen nicht zur Seite gestanden worden ist.
Viele Betroffene sind von einem Elternteil abgelehnt worden oder aber nur unter bestimmten Bedingungen beachtet worden. Ihnen fehlt die Erfahrung der im vorherigen Kapitel beschriebenen Grundhaltung im Elternhaus: »So, wie du bist, bist du gut. Es ist schön, dass du da bist.« Stattdessen tragen sie die Erfahrungen in sich: »Du bist gut, wenn …« und »Weil du … bist, ist es schön, dass es dich gibt«.
Wenn Sie spüren, dass Ihnen das Ja zu sich selbst fehlt, dann gilt es herauszufinden, ob und welche inneren Realitäten Sie in sich tragen, die Sie daran hindern, sich selbst zu bejahen. Nehmen Sie dazu auch das Kapitel »Innere Realitäten« zu Hilfe und die dort beschriebenen typischen Muster, welche die Resilienz schwächen.

Resilienz entsteht im Tun

»In dem Moment, in dem ich zu mir gestanden habe und mich vertreten habe – als ich ins kalte Wasser gesprungen und mitten in dem Meeting aufgestanden bin und meine Meinung gesagt habe –, Sie glauben gar nicht, wie stark ich mich da gefühlt habe«, sagte ein Bereichsleiter, der sich in einem konfliktbeladenen Führungskreis unter dominanter Führung lange Zeit aus Angst vor »Bestrafung« zurückgenommen hatte.

Zu sich zu stehen und für sich einzustehen ist nicht nur Ausdruck von innerer Stärke, sondern fördert diese auch gleichzeitig. Resilienz entsteht immer im Tun, in der Erfahrung von Begegnung in Beziehung.

Jeder Weg beginnt mit dem ersten Schritt und zunächst gilt es, diesen ersten Schritt zu tun. Wer resilient werden will, der braucht ein authentisches Leben. Dieses gilt es nun Schritt für Schritt aufzubauen.

Treten Sie konsequent in den inneren Dialog – sorgen Sie dafür, dass die Voraussetzungen dafür ein Selbstverständnis für Sie werden – und beginnen Sie dann, den Dialog zu praktizieren. Entwickeln Sie ein Gefühl von innerer Wahrhaftigkeit, ein Gefühl, an dem Sie erkennen können, »dass Sie es sind«.

Sorgen Sie dafür, dass Sie sich von allen inneren Realitäten befreien, die Sie daran hindern, Sie selbst zu sein, arbeiten Sie an Ihren falschen Überzeugungen und entwickeln Sie eine bedingungslose Liebe sich selbst gegenüber.

Lernen Sie, mutig zu sein, und das, was Sie spüren, unmittelbar – in Ihrem Tempo – direkt im Außen zu vertreten. Jede innere Erkenntnis verliert an Kraft, wenn sie nicht gelebt wird.

> Je mehr wir uns selbst unterdrücken, je mehr wir funktionieren, umso mehr schwächen wir uns und verlieren wir an psychischer Widerstandskraft.

Resilienz kann nur dort entstehen, wo Wahrheit und Wahrhaftigkeit gelebt werden – wer dazu nicht bereit ist, der wird nicht an innerer Stärke gewinnen, sondern im Laufe seines Lebens immer schwächer werden.

Authentizität umfasst auch die Fähigkeit, bedingungslos um der Sache willen zu handeln

Führungskräfte berate ich immer dahingehend, dass Sie am erfolgreichsten sind, wenn sie um der Sache willen handeln. Dies gilt auch für jeden anderen Lebensbereich: Sie erfahren die stärkste Kraft, wenn Sie nicht um der Funktion willen handeln, also nur aus dem Gedanken der Zweckmäßigkeit heraus. Je mehr das, was Sie tun, ein Mittel zum Zweck ist, umso weniger Kraft werden Sie daraus schöpfen.

Wie aber lernt man, um der Sache willen zu handeln?

Nur wer fähig ist, um seiner selbst willen zu handeln, wird auch um der Sache willen handeln können – nicht im Sinne einer Egozentrik, sondern im authentischen Ausdruck der eigenen Person. Wer sein Leben um seiner selbst willen gestaltet, ist frei genug, um auch um der Sache willen zu handeln.

Beziehung ist nicht gleich Begegnung – wirkliche Resilienz braucht Begegnung

Resilienz entsteht in Beziehung – aber nur so lange, wie es sich in der Beziehung um Begegnung handelt – je mehr die Beziehung zu sich selbst verloren geht, umso weniger Begegnung herrscht im Außen und umso abhängiger wird man. Resiliente Menschen besitzen stabile Beziehungen, in denen Dialog und Begegnung herrschen, auf der Grundlage einer stabilen Beziehung zu sich selbst. Menschen mit geringer Resilienz verfügen durchaus über Beziehungen – stehen aber nicht ausreichend mit sich selbst in Beziehung. Anstelle von Begegnung herrscht Abhängigkeit in der Beziehung, die meist unbewusst für den eigenen Halt missbraucht wird. Jede Beziehung verliert ihren Wert, wenn die Begegnung verloren geht und sie für die eigenen Zwecke missbraucht wird.

Selbstreflexion

Überprüfen Sie auf dem Weg in die Resilienz, inwieweit Sie dazu in der Lage sind, um der Sache willen zu handeln. Gestalten Sie Ihre Lebensbereiche zweckorientiert oder um ihrer selbst willen?

Überprüfen Sie Ihre Beziehungen auf den Wahrheitsgehalt: Inwieweit findet dort tatsächliche Begegnung statt oder inwieweit dienen auch Ihre Beziehungen als Mittel zum Zweck?

Wie meistere ich Krisen? Das 10-Stufen-Programm zur Krisenbewältigung

»Und in dem Moment, in dem ich spürte, dass ich an dieser Situation wachsen will – ab diesem Moment ließ das Leid nach und ich begann mich aufzurichten.
In dem Moment, in dem ich aufhörte, über die Ungerechtigkeit der Situation zu klagen, und ich den Blick auf mich richtete, wurde ich ruhiger.
Und als ich erkannte, was ich zu lernen hatte, konnte ich die Situation annehmen und mich von ihr befreien.«

Resilienz beweist sich in der Krise und entsteht gleichzeitig durch deren Bewältigung. Resilienz kann aber auch verloren gehen, wenn Krisen nicht bewältigt werden.

Der Unterschied zwischen Menschen mit ausgeprägter Resilienz und denjenigen, die über eine geringe psychische Widerstandskraft verfügen, besteht darin, dass die einen die Krise als Herausforderung sehen und am Ende gestärkt aus ihr hervorgehen und die anderen die Krise als Endpunkt ansehen und sich in ihr verlieren.

Was bedeutet dies nun für die Stärkung der Resilienz? Was ist konkret zu tun, wenn man sich in einer Krise befindet?

Wer in einer Krise steckt, sollte zunächst einmal wissen, dass jede Krise dadurch zu einer Krise geworden ist, dass er sich selbst nicht zur Seite stehen konnte. Eine Krise ist nichts anderes als der Rückzug von sich selbst. Vielen Betroffenen wird erst deutlich, dass sie sich selbst verloren haben, wenn Sie im Außen »verlassen« werden.

»Erst als meine Freundin gegangen war«, sagte ein Manager, »habe ich erkannt, wie sehr ich mich selbst verloren hatte. Ihr Weggehen hat mir gezeigt, dass ich auf eine Art gar nicht mehr da war.«

»Erst der Verlust meines Jobs hat mir gezeigt, wie wenig ich bei mir war«, erinnerte sich ein Partner einer Wirtschaftskanzlei. »Ich hatte nichts anderes als meinen Job, und als der weg war, wurde mir deutlich, dass ich mich selbst gar nicht mehr spürte. Darin bestand meine Krise – und nicht im Verlust meines Jobs.«

»Jetzt verstehe ich, warum ich mich nach der Trennung so verloren gefühlt habe«, sagte eine Frau. »Ich war mir während der Ehe selbst abhandengekommen – und das habe ich endlich gefühlt.«

> Der Weg aus der Krise führt immer zurück zu sich selbst. Immer. Grundsätzlich. Solange dies nicht geschieht, bleibt die Krise bestehen. Krisen entstehen, wenn Menschen die Verbindung zu sich selbst verlieren.

> Eine Krise zu bewältigen heißt, zu sich zu stehen. Zu glauben. Zu lieben.

Das Prinzip der Heilung ist immer in der Umkehr des Prozesses zu finden. Für die Heilung einer Krise heißt dies, wieder zu sich selbst zurückzufinden. Nur wer zu sich selbst zurückfindet, wird sich aus einer Krise befreien können.

Wie geht man konkret in Krisen vor – in 10 Schritten aus der Krise

»Und es waren die dunkelsten Stunden,
in denen ich die hellen Seiten an mir entdeckte.«

Im Folgenden möchte ich Ihnen aufzeigen, wie es gelingen kann, eine Krise so zu meistern, dass Sie am Ende gestärkt aus ihr hervorgehen. Den Weg, den ich Ihnen vorstelle, ist in der Arbeit mit Betroffenen entstanden, die sich aus einer Krise befreit haben. Er beinhaltet alle dafür als notwendig und als hilfreich empfundene Punkte, deren Reihenfolge individuell variieren kann. Wie in den vorherigen Kapiteln, so gilt auch hier: Greifen Sie nur das auf, was Ihnen als sinnvoll erscheint und von dem Sie sich angesprochen fühlen. Wenn Sie den Eindruck haben, einige Punkte fehlen, dann ergänzen Sie diese für sich – nutzen Sie folgenden Weg als Impuls, um Ihren eigenen Weg zu finden, denn nur Sie können am Ende wissen, was Sie wirklich brauchen, und beurteilen, was Ihnen hilft.

Schritt 1: Der erste Schritt aus der Krise ist zunächst immer die Erkenntnis: Ich bin in einer Krise. Nun gilt es innezuhalten. Er- und anerkennen Sie: Ich habe die Verbindung zu mir selbst verloren – gewissermaßen bin ich gar nicht mehr da. Dies ist der Grund, warum ich mich verloren fühle.

Ziehen Sie folgende Konsequenz: Alle Energie, die ich noch habe, verwende ich nun nur noch auf mich. Ich denke nicht mehr an die andere Person oder Situation, sondern wende mich nun mir selbst zu. Das Prinzip dieser ersten Stufe heißt: innehalten, mich mir selbst zuwenden.

Schritt 2: Zu sich selbst finden.
Nehmen Sie die Beziehung zu sich selbst wieder auf und suchen Sie den inneren Dialog. Machen Sie auf dieser Grundlage dann eine Bestandsaufnahme, die auf folgenden drei zentralen Fragen basiert:

Wo?

- Wo stehe ich?
  Beschreiben Sie, in welcher Situation Sie sich innerlich befinden.

Warum?

- Was ist der Grund dafür, dass ich mich von mir abgewendet habe?
- Welche inneren Realitäten haben dazu geführt? Wann war das?
  Finden Sie heraus, wann Sie den äußeren und inneren Dialog verloren haben und in den inneren Rückzug gegangen sind.

Was?

- Was hindert mich daran, wieder zu mir zurückzufinden?
- Was brauche ich?

Auf dieser zweiten Stufe gilt es, sich zu öffnen, sich zu spüren, sich selbst zu befragen und sich um sich selbst zu kümmern. Machen Sie sich hierfür jede einzelne Voraussetzung für den inneren Dialog bewusst. Welche haben Sie verloren? Welche fallen Ihnen zurzeit schwer zu leben? Nehmen Sie jede einzelne als Hilfe, wieder mit sich in Kontakt zu treten, in dem Sie diese bewusst praktizieren.

Nun gilt es, dass Sie sich wieder für sich interessieren, seien Sie empathisch und vor allem:

Bejahen Sie sich selbst, anstatt sich zu verurteilen. Jede eigene Verurteilung schwächt sie nur. Nehmen Sie sich bedingungslos so an, wie es Ihnen in dieser Situation geht. Sie brauchen Ihre Liebe zu sich selbst, um sich aus dieser Situation zu befreien.

Lösen Sie dann Ihre inneren Realitäten – Muster, die Sie in Ihrem Denken, Fühlen und Handeln behindern – und nehmen Sie wieder Augenhöhe zu sich selbst ein.

Schritt 3: Sehen.

Wenn Sie sich selbst wieder auf Augenhöhe begegnen und sich selbst erkennen, sind Sie bereit, mit der Bestandsaufnahme der Situation zu beginnen. Halten Sie die Augenhöhe und beschreiben Sie die konkrete äußere Situation, in der Sie sich befinden.

Sehen Sie genau hin – auch dort, wo es Ihnen nicht gefällt, auch dort, wo es schmerzt –, leuchten Sie den Raum um sich herum bis in den letzten Winkel aus, sodass das, was ist, zum Vorschein kommt und Sie klar sehen können. Was sehe ich vor mir? Wo befinde ich mich? Was ist um mich herum?

Schritt 4: Glaube.

Der vierte Schritt heißt glauben und vertrauen.

Nun gilt es, dass Sie sich Ihrer unbedingten Bereitschaft versichern, alle Illusionen aufgeben und sich der Realität bedingungslos zuwenden.

Überprüfen Sie, ob Sie an etwas festhalten, von dem Sie wissen, dass es vorbei ist, ob Sie etwas nicht sehen wollen, von dem Sie innerlich wissen, dass Sie es längst gesehen haben, und ob Sie sich weigern, etwas aufzugeben, von dem Sie spüren, dass es keine Substanz mehr besitzt. Dies gilt auch für innere Einstellungen, Überzeugungen und eigene Verhaltensweisen.

Hierfür sollten Sie sich Folgendes bewusst machen:

Nur das, was ist, steht und bleibt – alles andere bricht früher oder später zusammen.

Handeln Sie nach folgendem Grundsatz: Ich bin bereit, das zu sehen, was nicht (mehr) ist, und es loszulassen.

Glauben Sie an sich und an Ihre Intuition. Sie wissen, was richtig ist – folgen Sie Ihrer inneren Stimme, sie wird Sie leiten. Besinnen Sie sich ebenfalls auf den Glauben, den Sie in sich tragen.

Schritt 5: Werte.

Besinnen Sie sich auf Ihren Wert und Ihre Werte und auf den Wert der Wahrheit.

Machen Sie sich bewusst: Welche Werte tragen mich durch diese Situation und helfen mir, diese zu bewältigen? Folgen Sie diesen Werten konsequent in dem Wissen, dass Ihre Werte Sie nicht nur leiten, sondern Ihnen auch Halt geben, gerade wenn Sie sich in einer Situation befinden, in der die Umwelt Ihren Wert infrage stellt.

Handeln Sie nach Ihren Werten und fühlen Sie dadurch immer wieder Ihren eigenen Wert.

Erste Selbsterkenntnis: Wenden Sie Ihren Blick auf sich und fragen Sie sich: Worin liegt Ihre Verantwortung? Was ist Ihr Anteil daran, dass Sie sich in einer Krise befinden?

Schritt 6: Auf dieser sicheren Grundlage suchen Sie nun den Dialog im Außen – entweder mit der Lebenssituation an sich oder auch mit Beteiligten. Nicht immer ist der äußere Dialog mit beteiligten Personen nötig, um sich aus einer Krise zu befreien – falls es jedoch so ist, sorgen Sie für die Voraussetzungen zum Dialog und treten Sie in voller Offenheit in den Dialog. Vergewissern Sie sich, dass Sie die Augenhöhe halten und nicht aus einer Opferposition heraus das Gespräch führen. Fragen Sie sich konkret, was Sie von Ihrem Gegenüber wollen – und überprüfen Sie, inwieweit dies realistisch und wirklich notwendig ist.

Vergewissern Sie sich Ihrer Bereitschaft, Situationen und Menschen so zu sehen, wie sie sind, und nicht, wie Sie sie gerne hätten.

Machen Sie sich Folgendes bewusst: Nur die Bereitschaft zur Realität lässt uns die Realität bewältigen.

Schritt 7: Wenn Sie erkannt haben, was ist, dann sorgen Sie auf Augenhöhe dafür, dass Sie dies anerkennen – anstatt dagegen anzukämpfen. Überprüfen Sie noch einmal Ihren Anteil an der Situation und überlegen Sie dann, ob Sie die Situation und Ihr Gegenüber respektieren oder akzeptieren wollen. Sorgen Sie dafür, sich nicht im Widerstand zu verlieren und zu erschöpfen.

In dieser Phase gilt der Grundsatz: Anerkennen Sie, was ist – in sich selbst und im Außen.

Schritt 8: Fragen Sie nicht unnötig nach dem Sinn der Situation. Finden Sie Ihren Sinn darin und geben Sie der Situation Sinn. Finden Sie heraus, was Sie durch sie lernen können. Was wird Ihnen gezeigt? Wo können Sie, wo müssen Sie wachsen? Beantworten Sie für sich die Fragen: Welchen Sinn kann ich in dieser Situation erkennen? Welchen Sinn will ich dieser Situation geben, was aus ihr lernen? Woran kann ich, wo muss ich wachsen?

Schritt 9: Finden Sie nun einen für Sie angemessenen Umgang und beginnen Sie, die Situation loszulassen. Entscheiden Sie für sich, welche Veränderungen Sie einleiten wollen. Wollen Sie zum Beispiel das System verlassen und sich umorientieren oder wollen Sie bleiben? Suchen Sie aktiv einen Lösungsweg und machen Sie sich bewusst, dass eine Befreiung nicht immer Trennung bedeuten muss, sondern auch ein anderes Handeln bedeuten kann. Verabschieden Sie sich von dem, was vorbei ist.

Schritt 10: Gehen Sie Ihren Weg weiter.

Innerer Leitsatz

Besinne dich auf das, was du bist. Richte den Blick und deine Konzentration auf dich selbst.

Fühle, wer du bist. Und erst wenn du wieder Boden unter den Füßen spürst, gehe weiter.

Selbstreflexion

Diejenigen, die sich in einer Krise befinden und feststellen, dass sie selbst nichts tun können, um die Situation zu verändern, sollten sich immer auch die Frage nach ihren inneren Realitäten stellen.

Fragen Sie sich, ob nicht die eigene Fehlversorgung in den ersten Jahren und der damit verbundene Versorgungs- und Wiedergutmachungsanspruch mit ein Grund für diese Überzeugung sind, die Sie kindlich verharrend im eigenen Unglück belässt.

Jeder, der sich in Krisen befindet, sollte sich vor diesem Hintergrund immer auch die folgenden Fragen stellen: Will ich wirklich leben? Bin ich bereit, mich selbst zu retten? Oder warte ich darauf, dass ich gerettet werde?

Nutzen Sie jede Krise als Chance zu wachsen – nutzen Sie den Schmerz, um sich an den notwendigen Stellen zu verändern, damit Sie in Zukunft besser leben können. Nutzen Sie die Möglichkeit, um stark zu werden.

Krisen rechtzeitig verhindern

Eine Krise entsteht niemals über Nacht, sondern erwächst langsam aus einem Konflikt. Dieser beginnt wiederum mit einer Störung. Rechtzeitiges Reagieren auf die Störung verhindert Konflikt und Krise. Leider reagieren die meisten Menschen nicht auf die erste Störung, sondern erst, wenn der Konflikt schon da ist.

Jeder Konflikt kann nur im Dialog durch Begegnung gelöst werden – grundsätzlich. Andernfalls führt jeder Konflikt zu einem Bruch. Eine Lösung kann sein, getrennte Wege zu gehen.

Sich von jemandem zu trennen ist aber etwas grundsätzlich anderes, als mit jemandem zu brechen. Ein Bruch ist niemals eine Lösung. Er hinterlässt immer Wunden. Wer einen Konflikt tatsächlich lösen will, dem sollte dies bewusst sein.

> Viele Menschen fürchten, wenn sie beginnen, ihr Gegenüber zu verstehen, dass sie sich selbst verlieren. Das ist falsch: Nur wer offen ist, kann dem begegnen, was wirklich ist.

Im Folgenden möchte ich Ihnen die vier entscheidendsten Fehler nennen, die in Konflikten begangen werden und die dazu führen, dass die Beteiligten in eine Krise abrutschen – und Ihnen helfen, sie zu umgehen.

Fehler 1: Sich verschließen

Die meisten Menschen begehen in Konflikten den Fehler, sich vor dem anderen zu verschließen, anstatt sich ihm weiter zu öffnen. Sie beginnen, sich nur noch auf sich und die eigene Position zu konzentrieren und diese zu verteidigen, weil sie fürchten, sich dem anderen zu öffnen, würde die Schwächung der eigenen Position bedeuten.

Das Gegenteil ist der Fall. In dem Moment, da Betroffene beginnen, sich vor dem anderen zu verschließen, können sie ihn nicht mehr verstehen, und wenn sie ihren Konfliktpartner nicht mehr verstehen, können sie den Konflikt auch nicht lösen.

Das Verstehen des anderen ist gleichzeitig ein »Entzaubern« seiner Person/Position – je mehr Sie verstehen, umso weniger Macht besitzt Ihr Gegenüber. Je mehr Sie wissen, umso folgerichtiger können Sie handeln.

»Die Position meines Mannes zu verstehen«, sagte eine Anwältin während eines Scheidungskriegs, »ist mir unheimlich schwergefallen. Aber erst als ich ihn verstanden hatte, konnte ich der Situation auf Augenhöhe begegnen und souverän mit ihr umgehen. Erst dann konnte ich aufhören, das Ganze persönlich zu nehmen – auch wenn es mich betraf und betroffen machte. Ich konnte anders für mich eintreten, weil ich nicht mehr so an meinen Verletzungen ›festhielt‹.«

> Resiliente Menschen verstehen alles, heißen aber nicht alles gut.

»Erst als ich mich in die Lage meines Chefs hineinversetzt hatte«, sagte ein Einkaufsleiter, »war es mir möglich, freier mit der Situation umzugehen – vorher war ich so sehr mit der Kränkung beschäftigt, dass ich an nichts anderes denken konnte. Nachdem ich ihn verstanden hatte, war sein Verhalten zwar nicht akzeptabler – aber weniger vernichtend für mich persönlich. Das hätte ich vorher nie für möglich gehalten.«

> Den anderen zu verstehen verhilft zu einem klaren Blick auf die Situation und auch auf sich selbst – nur wer den anderen versteht, wird schwierige Situationen entschärfen und Konflikte lösen können.

Fehler 2: Seine eigene Bedeutung verkennen

Viele Menschen, die Konflikte nicht meistern können, scheitern unter anderem, weil Sie nur noch auf sich selbst fixiert sind, sich immer mehr in die eigenen Gefühle hineinsteigern und sich darüber immer mehr in ihnen verlieren.

Empathie kann Ihnen dabei helfen, diesen Fehler zu vermeiden. Gerade in Konflikten ist die Fähigkeit zur Empathie essenziell. Wenn Sie erkennen, dass Sie sich in einem Konflikt befinden, versuchen Sie, Ihr Gegenüber zu erfühlen. Verstehen Sie, mit wem Sie es zu tun haben, versetzen Sie sich in seine Lage und sehen Sie den Konflikt durch seine Augen. Dann treten Sie einen Schritt zurück und wenden sich wieder sich selbst zu.

Sich in den anderen hineinzuversetzen bietet Ihnen nicht nur die Möglichkeit, den anderen zu erkennen, wie er ist, und sich schließlich von ihm zu lösen, sondern es bietet Ihnen auch die Möglichkeit, sich aus dem Strudel der eigenen Gefühle zu befreien.

Zu erkennen, dass es immer auch noch einen anderen Blick auf die Situation gibt, dass Sie nicht alleine auf der Welt sind, sorgt dafür, dass Sie sich Ihrer wahren Bedeutung bewusst werden.

Je mehr Sie sich selbst Gewicht geben, umso größer wird das Ungleichgewicht – genauso gilt das auch umgekehrt.

Resiliente Menschen nehmen sich niemals zu wichtig – aber sie nehmen sich so wichtig, wie sie sind. Sie begegnen ihrem Gegenüber auf Augenhöhe und halten so auch die Augenhöhe ihren eigenen Gefühlen gegenüber – selbst unter größter Belastung und Anspannung.

Ein Konflikt kann nur dann gelöst werden, wenn ein Gleichgewicht besteht – das bedeutet: Sorgen Sie dafür, dass die Gewichte richtig verteilt werden.

Was interessiert es den Mond, wenn der Hund ihn anbellt?

Kennen Sie das Bild, auf dem ein Hund den Mond anbellt?

Nicht wenige Menschen verlieren ihre psychische Widerstandskraft, weil sie gewissermaßen zu bellenden Hunden geworden sind. Sie bellen gleichsam gegen etwas an, steigern sich immer mehr in ihr Gebell hinein und erschöpfen sich darüber.

Resiliente Menschen nehmen im Gegensatz dazu die Position des Mondes ein. Sie gehen nicht in den Widerstand oder kämpfen gegen etwas an, sondern sie erkennen die Situation, wie sie ist, finden darüber ihre Position und strahlen diese ruhig aus.

Wenn Sie sich in einem Konflikt befinden, dann sorgen Sie dafür, die Haltung des Mondes einzunehmen. Beginnen Sie nicht, in den bellenden Widerstand zu gehen und zu kämpfen, sondern vertreten Sie in sich ruhend Ihre Position.

Wenn Sie »angebellt« werden, »bellen« Sie nicht zurück, sondern konzentrieren Sie sich auf das, wer und was Sie sind, und bieten Sie Ihrem Gegenüber keinen Angriffspunkt: So wie der Mond, der ruhig scheint, ob der Hund nun bellt oder nicht.

Fehler 3: Gegenhalten und gegen etwas ankämpfen

Viele Menschen meinen, sie würden an Macht verlieren, wenn sie sich in eine andere Person hineinversetzen – und verkennen, dass Krisen nicht mit oder durch Macht gelöst werden, sondern durch innere Stärke. Einer der entscheidenden

> Der dritte Fehler, den viele begehen, ist, gegen die Situation und das Gegenüber anzukämpfen.

Fehler in Konflikten ist zu kämpfen zu beginnen und sich zu verteidigen, anstatt die eigene Position zu vertreten. Die eigene Position kann man dann am besten vertreten, wenn man sich seiner Sache bewusst ist und bleibt.

Konflikte werden nicht durch oder an Fronten gewonnen.

Wer nach Macht sucht, tut dies immer aus einer inneren Ohnmacht heraus – und er wird den Konflikt nicht lösen, solange er sich in dem System aus Macht und Ohnmacht bewegt.

In vielen Fällen wird ein Konflikt unbemerkt zu einem Machtkampf, wo es vielmehr um die Durchsetzung des eigenen Willens anstatt um die Sache an sich geht. Sich immer wieder bewusst zu machen, dass weder Sie selbst noch Ihr Wille die Sache sind, ist essenziell, um immer wieder die notwendige Distanz zu gewinnen.

»Im Nachhinein«, sagte ein Manager, »ging es für mich immer mehr darum, meine Position durchzusetzen. Nur weil ich meinen Kollegen dazu zwingen wollte, sich nach mir zu richten, verschob ich Besprechungen nicht, obwohl es möglich gewesen wäre. Ich wollte die Situation kontrollieren, in der ich mich so hilflos fühlte, um mich wieder mächtiger zu fühlen. Allerdings war mir das zu diesem Zeitpunkt überhaupt nicht bewusst.«

Fehler 4: Ablehnung

Der vierte entscheidende Fehler besteht darin, in einem Konflikt das Gegenüber grundsätzlich abzulehnen.

Die Ablehnung des anderen erscheint vielen Menschen in schwierigen Situationen als eine selbstverständliche Form des Selbstschutzes. Dabei schwächt die Ablehnung des Gegenübers die Betroffenen nur und verstärkt den Konflikt.

> Je mehr Sie die Person annehmen, mit der Sie zu tun haben, desto schneller werden Sie sich von ihr lösen können. Erst wenn Sie jemanden ganz annehmen, werden Sie erkennen, welche Bedeutung er wirklich für Sie hat.

Wer Konflikte so schnell wie möglich lösen und nicht an Kraft verlieren will, der sollte wissen, dass dies nur in der Annahme des Konfliktpartners gelingen kann.

Ein zentraler Grundsatz für Resilienz heißt: das annehmen, was ist – anstatt dagegen anzukämpfen.

Dieser Grundsatz gilt für jede Situation und für jede Person, und so sehr es Ihnen widerstreben mag: Er gilt auch für Konflikte.

»Wie kann ich meinen Mann annehmen, der mich so hintergangen hat?«, fragte eine Frau, die sich in einem Trennungskrieg immer weiter erschöpfte.

»Wie kann ich meinen Chef annehmen, nachdem er so versagt hat?«, fragte ein Abteilungsleiter.

Das anzunehmen, was uns verletzt hat, erscheint uns oft nicht nur unmöglich, sondern auch vollkommen unnatürlich.

Vielleicht wird es Ihnen leichter fallen, wenn Sie sich bewusst machen, dass Sie keine andere Wahl haben, denn solange Sie die Situation oder Person nicht annehmen können, so lange können Sie sich auch nicht lösen. Wer nicht annimmt, kann

> Resiliente Menschen kämpfen nicht – Sie nehmen an, was ist, und finden zu einem entsprechenden Umgang.

nicht abgeben, und wer nicht abgeben kann, der kann sich nicht befreien. Reiner Widerstand bindet Sie an Situationen und Menschen.

»Erst als ich meinen Vater trotz allem, was er mir angetan hat, annehmen konnte«, sagte ein Geschäftsführer, »erst in diesem Moment konnte ich mit ihm abschließen. Solange ich mich gegen ihn wehrte, so lange blieb ich von ihm abhängig – auch wenn ich ihn seit Jahren nicht mehr gesehen hatte.«

»Es war unglaublich«, erinnerte sich ein Projektleiter, »erst als ich angefangen hatte, meinen Stiefvater in all seiner Primitivheit zu sehen, erst als ich die Augenhöhe ihm gegenüber wieder eingenommen hatte, konnte ich erkennen, wer er war und wer er ist – und damit auch die Konfliktsituation lösen.«

Gehen Sie den Dingen auf den Grund, ohne den Grund zu verlieren

Erinnern Sie sich noch daran, als ich Sie zu Beginn des Buches gebeten hatte, nicht an den Mond zu denken? Wissen Sie noch, woran Sie in dem Moment gedacht haben? Unser Gehirn ist nicht dazu in der Lage, *nicht* an etwas zu denken. Es kennt das Wort »nicht« nicht. Menschen mit geringer Resilienz haben stetig das vor Augen, was sie nicht wollen, und enden schließlich genau dort.

Etwas bekämpfen, was man nicht will, heißt, sich in einem Strudel zu befinden und zu versuchen, sich daraus zu befreien, indem man nach oben schwimmt. Wer gegen einen Strudel ankämpft, wird früher oder später in die Tiefe hinabgezogen und ertrinkt. Die einzige Möglichkeit, sich aus einem Strudel zu befreien, ist, im richtigen Moment Luft zu holen, sich in Richtung des Sogs zu wenden und ihm mit voller Kraft zu folgen – bis der Grund erreicht ist. Dort ist der Sog am schwächsten und es ist möglich, seitlich wegzutauchen und wieder aufzutauchen.

Dieses Bild lässt sich ohne Weiteres auf Konfliktsituationen übertragen, die drohen, Betroffene in die Tiefe hinabzuziehen. Aber es gilt auch für jede andere Situation, denn es beschreibt einen grundsätzlichen Umgang dem Leben gegenüber. Wenig resiliente Menschen machen entweder den Fehler, gegen den Strudel anzuschwimmen oder sich in die Tiefe reißen zu lassen, anstatt wieder aufzutauchen. Sich in Gefühlen und Situationen zu verlieren ist genauso schädlich, wie verzweifelt dagegen anzukämpfen.

Resiliente Menschen fliehen weder noch verlieren sie sich. Sie stellen sich der Realität und handeln, indem sie dem begegnen, was ist – immer in der Bereitschaft, den Dingen wenn nötig auf den Grund zu gehen.

> Das, was ist, aufzunehmen, heißt auch, es wieder abzugeben. Das ist das Prinzip des Dialoges. Das Prinzip des Lebens. Begegnung ist Bewegung.

Zusammenfassung

Wer einen Konflikt bewältigen will, der sollte dafür sorgen, dass er den Dialog sucht und nicht den Kampf. Konflikte sind niemals durch einen Kampf zu lösen – im Gegenteil.

Sorgen Sie für Offenheit, Augenhöhe und Interesse – um auf dieser Basis dem anderen empathisch und respektvoll zu begegnen – und sich möglicherweise von ihm zu trennen.

Denken Sie daran, dass es keinen Grund gibt, die Augenhöhe zu verlieren, und dass Dialog weder bedeutet, einer Meinung zu sein, noch das, was der andere tut oder vertritt, gutzuheißen. Sie brauchen die Augenhöhe, um angemessen zu reagieren. Differenzieren Sie immer zwischen sich selbst und der Sache an sich. Wenn Sie spüren, dass Sie dazu neigen, vollkommen in einer Sache aufzugehen und sich darüber zu verlieren, sorgen Sie dafür, dass Sie sich selbst wieder spüren.

Machen Sie sich bewusst, dass Kampf immer Energie kostet und keine Energie freisetzt. Besinnen Sie sich darauf, wer Sie sind und was Sie wollen, und konzentrieren Sie sich darauf, dies deutlich und klar zu vertreten. Treten Sie aus dem System von Macht und Ohnmacht heraus und hören Sie auf, sich größer zu fühlen, indem Sie den anderen klein kämpfen. Geben Sie Größen- und Minderwertigkeitsgefühle auf. Besinnen Sie sich auf Ihre Stärke und stehen Sie stark zu sich und der Sache.

Ich habe immer die Wahl

Selbst wenn Sie gefühlt noch so sehr mit dem Rücken gegen die Wand stehen, machen Sie sich bewusst: Sie haben immer die Wahl – möglicherweise müssen Sie zwischen Cholera und Pest entscheiden, aber Sie haben die Wahl. Diese Erkenntnis wird es Ihnen ermöglichen, wieder zu handeln.

> Wer die Wahl hat, der bleibt ein aufrechtes Gegenüber.

Bewahren Sie Ihre Reslienz auch im stärksten Konflikt, indem Sie sich bewusst machen: Ich habe zwar nicht alle Möglichkeiten, aber ich habe immer die Wahl. Es gibt immer eine Alternative – und ich bin es, der entscheidet.

Wer in diesem Bewusstsein lebt, der bleibt der Handelnde – auch in den schwierigsten Situationen.

18 Wahrheiten über Resilienz

Wer seine psychische Widerstandskraft stärken will, der sollte sich folgende Grundsätze zu eigen machen und lernen, danach zu handeln:

1. Der größte Stress entsteht in Beziehungen. Resilienz entsteht durch Begegnung. Gleichzeitig kann Begegnung nur dann stattfinden, wenn Resilienz vorhanden ist.
2. Je mehr Sie etwas verhindern wollen, umso mehr wird es eintreten.
3. Resilienz heißt niemals Widerstand oder Kampf. Kämpfen Sie nicht gegen das an, was ist, sondern stellen Sie sich bedingungslos der Realität – und entscheiden Sie dann, was Sie wollen. Der größte Energieverlust entsteht durch Widerstand – ein reines Nein birgt nichts in sich außer der Negation. Ziehen Sie Ihre Kraft aus dem Ja zu sich selbst und aus dem, was Sie wollen.
4. Die Kraft des Lebens liegt darin, dazu in der Lage zu sein, dem, was ist, zu begegnen. Es gilt, alles anzunehmen, was ist – sich selbst, das Gegenüber und das Leben.
5. Resilienz heißt: Ich muss immer zuerst etwas aufnehmen, bevor ich es ablehnen kann. Ich muss dass, wovon ich mich befreien will, zunächst voll und ganz annehmen.

6. Resilienz heißt: Ich verstehe alles, aber ich heiße nicht alles gut. Menschen mit Resilienz sind dazu in der Lage, jeden »Platz« einzunehmen, ohne den eigenen darüber zu verlieren.
7. Resilienz heißt: Ich vertrete mich in dem, was ist. Ich stehe dafür ein, wer ich bin und was ich will – ohne zu verkennen, dass mein Wille nicht über allem steht. Resilienz heißt immer, bereit zu sein, zu verzichten – jedoch nie auf das Wesentliche.
8. Menschen mit Resilienz erkennen, dass sie ohne ein Wir nicht sein können. Sie wissen, dass ein Wir ohne ein Ich zum Scheitern verurteilt ist, genau so, wie es nicht gelingen kann, wenn das Ich zum Maßstab gemacht wird und das Du fehlt.
9. Menschen mit Resilienz glauben an sich, weil sie ihren inneren Wert kennen. Sie wissen, dass der eigene Selbstwert unabdingbar mit wertvollem Handeln verbunden ist, und sie halten sich vor diesem Hintergrund konsequent an die eigenen Werte. Resilienz heißt, den eigenen Wert durch wertvolles Handeln täglich zu erfahren und zu bestärken.
10. Menschen mit Resilienz sind dazu in der Lage, an der richtigen Stelle Ja und an der richtigen Stelle Nein zu sagen – zu sich selbst und zu ihrem Umfeld. Weil sie um ihren eigenen Wert wissen, können sie dort, wo es notwendig ist, für sich einstehen, und dort, wo es möglich ist, verzichten.
11. Resilienz heißt, der Welt auf Augenhöhe zu begegnen, selbstverständlich – weil ich mir selbst auf Augenhöhe begegne. Ich klage weder an noch gebe ich mich auf. Ich handle verantwortlich und vertrete das, was für mich wesentlich ist.

12. Resilienz heißt anerkennen, was ist, und zwischen Möglichem und Unmöglichem zu unterscheiden. Es heißt anzuerkennen, dass mir nicht alles möglich ist und dass ich selbst nicht alles möglich machen muss. Es heißt, das Bestmögliche aus dem zu machen, was ist.
13. Menschen mit Resilienz fragen niemals »Warum ich?« – Sie geben den sicheren Grund nicht auf, indem sie grundlos nach einem Sinn für das suchen, was ist. Sie wissen, dass das, was ist, ist – ob sie wollen oder nicht, und lernen, damit umzugehen.
14. Resilienz heißt, nicht immer nach dem Sinn zu fragen und dennoch in allem einen Sinn zu finden.
15. Resilienz heißt zu glauben und zu vertrauen – darauf, dass am Ende des Tunnels immer ein Licht ist, auch wenn es zeitweise von Dunkelheit verschluckt wird. Menschen mit Resilienz wissen, dass die Sonne auch dann da ist, wenn der Himmel voller Wolken ist.
16. Resilienz heißt Leben und Leben ist für alle möglich.Unabhängig von Situation, Alter, Position, Status, Geschlecht und Alter. Resilienz ist für jeden in jedem Moment möglich – solange er lebt.
17. Menschen mit Resilienz verhalten sich nicht wie der Hund, der den Mond anbellt, sondern sie verhalten sich wie der Mond, der ruhig weiterscheint – ob der Hund ihn anbellt oder nicht.
18. Menschen, die resilient sind, nehmen das Leben in die Hand und machen es sich zu eigen. Sie greifen auf das Leben zu, anstatt sich vom Leben ergreifen zu lassen. Sie entscheiden zu leben, anstatt vom Leben gelebt zu werden. Sie geben dem Leben eine Gestalt, anstatt sich vom Leben verunstalten zu lassen.

Wer zu seiner inneren Stärke finden will ...

→ hört auf, seine Schwächen zu verteidigen, und steht zu dem, wer er ist und was er kann.

→ hört auf zu klagen, und beginnt, sich auf den Weg zu machen. Unermüdlich geht er weiter, bis er das Ziel erreicht hat.

→ sagt, was er meint, meint, was er sagt, und handelt danach – in dem Wissen, dass dies die Grundlage für Selbstvertrauen und für die Aufrechterhaltung eines jeden äußeren Dialoges ist.

→ macht sich klare Werte zu eigen, die immer auch im Sinne der Allgemeinheit sind, und richtet sich konsequent nach ihnen.

Er vergisst niemals sich selbst – und übersieht niemals den anderen.

Selbstreflexion

Überprüfen Sie, welche der Grundsätze Ihnen schwerfallen zu leben und welche Sie möglicherweise an sich vermissen. Erstellen Sie sich ein eigenes »Resilienzprogramm«. Nehmen Sie sich für jede Woche einen oder zwei der Grundsätze vor und praktizieren Sie diese bewusst.

Gehen Sie am Ende der Woche in die Selbstreflexion: Wie erfolgreich waren Sie? Was ist Ihnen schwergefallen?

Müssen Sie an dem einen oder anderen Punkt weiterarbeiten? Benötigen Sie Unterstützung?

Je nachdem, zu welchem Ergebnis Sie kommen, setzen Sie die Übung fort oder nehmen sich einen neuen Punkt vor. So lange, bis die Grundsätze zu Ihrem Selbstverständnis geworden sind.

Schlusswort

Es braucht nicht viel für ein gesundes Leben

Resilienz beruht nicht auf dem vielen, sondern auf dem wenigen: auf der einfachen Fähigkeit, sich selbst und der Welt zu begegnen. Der Fähigkeit, das, was ist, aufzunehmen, anzunehmen und abzugeben. Der Fähigkeit zu einem Ich und zu einem Du – und der Bereitschaft zu einem Wir.

Psychische Widerstandskraft entsteht aus der Kraft der Begegnung.

Wer Stärke entwickeln will, der braucht den Dialog, der muss das Prinzip des Nehmens und Gebens beherrschen – denn nur so kann er im Fluss des Lebens bleiben. Nur so kann er auf seine Kraft und auf die Kraft des Lebens zugreifen und zu seiner vollen Stärke finden.

Dialog heißt, bereit zu sein, aus der eigenen, begrenzten Welt hinauszutreten und gemeinsam eine neue zu gestalten. Es heißt, bereit zu sein, einen Schritt aufeinander zuzugehen, den anderen und das Leben zu erfahren, ohne seine Identität, ohne sich selbst aufzugeben, bereit zu sein für anderes. Für Neues. Für das Leben.

Es braucht nicht viel, um gesund zu sein – doch dieses wenige scheint den meisten von uns unendlich schwer.

Unsere Welt ist voller ängstlicher Monologe. Bevölkert von Ichs, die Angst vor einem Du haben und zu schwach für ein echtes Wir sind – Menschen, die das Wir mit »nur Ich« oder »nur du« verwechseln oder das Wir für ihre eigenen Zwecke missbrauchen. Die sich in ihrer Armut zum Maßstab der Welt machen und vor dem Reichtum des Lebens verlieren. Ob im beruflichen Alltag oder im privaten Umfeld: Wie häufig begegnen wir einander? Wie viele Dialoge führen wir? Wie viele neue Welten gestalten wir?

Innere Widerstandskraft entsteht durch Weiterentwicklung und Wachstum in der Begegnung mit anderem, in der Erfahrung von Leben. In der Erfahrung, die eigene Welt zu verlassen, neuen Boden unter den Füßen zu spüren und mit jedem Schritt mehr zu wachsen. In der Begegnung mit einem Du, das anders ist als ich selbst, und dem Erleben eines Wir, das immer mehr ist, als ich allein es jemals sein kann.

Resilienz entsteht durch die Stärke, die eigene Position aufzugeben, ohne sich selbst zu verlieren, in dem Erkennen: Ich bin mehr als meine Position. Durch die Fähigkeit zu gesunden Kompromissen und der Fähigkeit, an der richtigen Stelle Ja und an der richtigen Stelle Nein zu sagen. Im Ja zu mir. Im Ja zum Du und im Ja zum Leben.

Wer das Wesen des Dialoges erkannt hat, der spürt, dass dieser die Grundlagen eines gesunden und starken Lebens in sich birgt. Er bietet alles, was wir als Fundament zum Leben brauchen.

Augenhöhe, um der Welt und uns selbst ins Gesicht zu blicken und das Leben wie uns selbst in unserer wahren Größe und Ganzheit zu erkennen.

Offenheit, um Leben aufnehmen zu können und all das, was wir an Leben brauchen.

Empathie, um die Welt und das Leben zu verstehen und in ihrer Ganzheit zu erfassen.

Interesse, um in Beziehung zu treten und Verbindung zu halten.

Der Respekt hilft uns, Gleichgewicht zu halten. Er veranlasst uns, uns auf unsere Größe zu besinnen, und erinnert uns an unsere Grenzen und an die Grenzen des Lebens.

Die Wertschätzung ermöglicht uns, das Leben in seinem Wert zu erfahren und uns in unserem eigenen zu erkennen.

»So wie im Innen, so im Außen« – wer das Dialogprinzip erfasst hat, der hat die Grundlage für Resilienz erkannt.

Wir können nur einen äußeren Dialog führen, wenn wir mit uns im inneren Dialog stehen. Für den inneren Dialog gelten die gleichen Gesetzmäßigkeiten wie für den äußeren. Wer sich selbst nicht offen und auf Augenhöhe begegnet, wird nicht erkennen, wer er tatsächlich ist – und dementsprechend der Welt verschlossen begegnen. Er wird entweder auf sie herabsehen oder zu ihr aufblicken müssen.

Wer sich selbst nicht kennt, weiß nicht um seinen Wert. Er wird der Welt »wertlos« gegenübertreten und sie als wertlos behandeln. Nicht mit Vorsatz, sondern weil er nicht anders kann. Wer sich selbst nicht verständnisvoll begegnet und sich nicht bejaht, der wird auch seine Umwelt nicht bejahen. Er wird in ängstlicher Unterwerfung oder in kalter Ablehnung und Herabwürdigung des anderen verharren – oder sich in symbiotischer Verschmelzung verlieren.

Je mehr wir erkennen, dass die Welt um uns herum immer auch ein Spiegel unserer selbst ist, desto mehr werden wir spüren, dass wir selbst der Schlüssel zum Leben sind.

Dialogfähigkeit ist die Grundlage eines gelingenden Lebens. Wenn wir nicht bereit sind, dies im vollen Ausmaß anzuerkennen und uns danach zu richten, werden wir nicht an Stärke und Widerstandskraft gewinnen – ganz gleich, wie viele Versuche wir unternehmen. Ganz gleich, wie wir uns zu stärken versuchen. Im Gegenteil, wir werden uns weiter erschöpfen und bestenfalls innerlich schwach und im Außen verhärtet versuchen, das Leben zu überstehen.

»Können wir uns dann alle gleich den Strick nehmen?«

Stärke entsteht durch Augenhöhe. Wir können nur resilient werden, wenn wir allem, was ist, auf Augenhöhe begegnen – auch der gesellschaftlichen Situation, in der wir uns befinden. Gesundheit entsteht in einem gesunden Umfeld und in wesentlicher Umgebung.

Wir leben in einer Zeit, in der das Einfache längst dem Superlativ gewichen ist. In der nach dem Richtigen vergeblich in dem vielen gesucht und das Finden des Wesentlichen immer schwerer fällt. Wer bin ich und was brauche ich?

Nicht nur Erwachsene, sondern auch immer mehr junge Menschen sind psychisch erschöpft. Begegnung findet immer seltener statt, Beziehungen gehen schneller auseinander.

Wenn wir uns die Frage nach psychischer Gesundheit stellen und dies dort diskutieren, wo bereits Krankheit entstanden ist, dann ist es umso notwendiger, sich auch damit auseinanderzusetzen, wo die Grundlage für unsere Gesundheit gelegt wird und wodurch diese entsteht. Solange wir dies nicht tun, so lange können wir das Problem nicht an seiner Wurzel packen. Wir sind gezwungen, Oberflächenberuhigung zu betreiben und das Übel fortzusetzen.

Wenn ich in meinen Vorträgen über psychische Erschöpfung und deren Auswirkungen spreche und dabei auch von grundlegender Erfahrung von wesentlicher Begegnung in den ersten Lebensjahren, dann wird kein anderes Thema so heftig diskutiert wie das Thema des Elternhauses. Es gibt kein Thema, das emotional so hoch besetzt ist und über das ein Dialog kaum möglich ist.

Entweder gibt es die resignative Aussage: »Wenn ich Ihnen zuhöre, was wir bräuchten, und mir dann unsere gesellschaftliche Situation ansehe, dann kann man doch nur depressiv werden.«

»Das, was Sie uns da erzählen, das haben doch die wenigsten, die hier sitzen, gehabt – dann können wir doch gleich alle einpacken und hoffen, dass unser Leben schnell vorbei ist.«

»Das ist zwar schön, was Sie erzählen, und das möchte sicherlich gerne jeder haben, aber schauen Sie sich doch einmal um: Jede zweite Ehe wird doch mittlerweile geschieden, wo sollen Kinder da Beziehungsfähigkeit lernen?«

Neben den Resignationen gibt es genauso Aggressionen, in denen die Verantwortung von sozialen Einrichtungen und anderen Bezugspersonen hervorgehoben wird.

Häufig kommen die Aussagen, dass doch auch das gesamte soziale Umfeld von Bedeutung für das Kind ist, was niemand bestreitet – im Gegenteil.

Das Beziehungsverhalten wird natürlich auch durch das soziale Umfeld erfahren und geprägt. Keine Beziehung jedoch ist so zentral wie die der ersten Jahre und die mit den unmittelbaren Bezugspersonen – und dies sind meist die Eltern.

»Aber dann kann ich mir ja gleich einen Strick nehmen«, sagte ein Vater, dem deutlich wurde, wie wenig er dazu in der Lage war, seinen Sohn zu erkennen – aus der tiefen inneren Erfahrung heraus, selbst nicht von seinem Vater erkannt worden zu sein.

»Aber das, was Sie beschreiben, das ist doch ein Ideal, das setzt uns Frauen doch nur noch mehr unter Druck: Wir müssen die perfekte Mutter sein, Karriere machen und dabei auch noch perfekt aussehen. Aber niemand kann perfekt sein«, sagte eine andere Mutter während eines Vortrags, »und die Kitas sind auch wichtig.«

»Ich bin eine alleinerziehende Mutter«, sagte eine Richterin im Rahmen einer Podiumsdiskussion, »ich habe die Trennung meiner Eltern auch überlebt.«

In keinem anderen Punkt sind die Diskussionen so emotional – und so wenig auf Augenhöhe – dem Gesprächspartner gegenüber, der Sache gegenüber und sich selbst gegenüber. Dabei wäre gerade hier ein offener Dialog auf Augenhöhe so notwendig. Im Sinne der psychischen Gesundheit unserer Kinder, im Sinne unserer aller Zukunft und für uns selbst. Haben Sie sich einmal gefragt, warum das Thema des Elternhauses so hochemotional besetzt ist? Was ist Ihrer Ansicht nach der Grund, weshalb erwachsene Menschen nicht dazu in der Lage sind, in einen offenen Dialog über dieses Thema einzutreten und sich ruhig über das auszutauschen, was für die seelische Gesundheit eines Menschen notwendig ist?

Je mehr der Finger in die Wunde gelegt wird, umso mehr wird aufgeschrien

Manchmal müssen wir den Finger in die Wunde legen, damit wir überhaupt erkennen, welche Wunde wir haben, und manchmal sogar, um zu erkennen, dass wir überhaupt eine haben. Nur dann können wir sie heilen.

Wir können nur gesund werden, wenn wir bereit sind hinzuschauen – gerade dort, wo es schmerzt – und bereit sind zu handeln.

Ich würde mir wünschen, dass es uns immer mehr gelingt, dieses Thema nicht mit Schuld oder Vorwurf zu besetzen, sondern so stark zu werden, dem, was wesentlich für Kinder ist, auf Augenhöhe zu begegnen. Wenn wir ohne Anklage und Schuld anerkennen, dass ein zentraler Schlüssel für gesundes Leben in den ersten Jahren liegt, dann wären wir einen Schritt weiter in Richtung Gesundheit.

Dies setzt jedoch voraus, dass wir bereit sind, uns unsere eigene Fehlversorgung in der Kindheit anzuschauen – mit all dem Schmerz über das, was nicht stattgefunden hat – und uns davon zu befreien.

Es würde bedeuten, dass wir bereit sind, unseren Eltern auf Augenhöhe zu begegnen und ihnen ihr Versagen zu verzeihen – ohne das uns Versagte zu verleugnen.

Es würde bedeuten, dass wir uns vom eigenen Superlativ verabschieden und auch uns selbst auf Augenhöhe in unseren eigenen Schwächen verständnisvoll begegnen. Es würde bedeuten, auch uns selbst zu vergeben und Verantwortung für unser Leben zu übernehmen, anstatt uns in Selbstanklage und Schuld zu geißeln für das, was uns selbst nicht gelungen ist. Solange dies jedoch nicht der Fall ist, ist die Gefahr groß, das eigentlich Notwendige zu verleugnen – aus Angst vor dem Schmerz über die eigene verdrängte frühe Fehlversorgung, aus Angst, sich die eigene Schwäche anzuschauen, aus Angst, diese Fehlversorgung – trotz bestem Wissen und Gewissen – weitergegeben zu haben.

Erst wenn wir uns von unserer eigenen Kindheit befreit haben und nicht nur von unserem Lebensalter her erwachsen geworden sind, erst dann wird es uns gelingen, unsere Kinder in ihren Bedürfnissen zu erkennen und zu begegnen und die Diskussion über das Elternhaus nicht mehr als Angriff, sondern als echte Chance für das eigene und das zukünftige Leben unserer Kinder und der psychischen Gesundheit unserer Gesellschaft zu erkennen.

Wir können nur gesund werden, wenn wir für das Wesentliche eintreten, und das heißt auch, den Finger in die Wunde zu legen, ebendort, wo das Wesentliche nicht stattfindet. Nicht um anzuklagen. Nicht um zu verurteilen, sondern um bewusst zu machen. Um zu erkennen. Um zu verändern. Um gesund zu werden.

Dies kann jedoch nur gelingen, wenn wir diese Diskussion nicht mehr auf dem Boden des Superlativs führen. Solange wir dies tun, bleibt sie unmenschlich, und wir müssen uns innerlich für unsere eigenen Schwächen verurteilen und im Außen das, von dem wir doch eigentlich spüren, dass es richtig ist, wütend verleugnen.

Wenn wir wirklich gesund werden wollen, dann können wir dies nur, wenn wir dem, was ist, offen begegnen und bereit sind, uns zu verändern.

Wir Erwachsenen können unsere Kindheit nicht nachholen, aber wir können dafür sorgen, dass die jetzigen Kinder nicht zu den zukünftig psychisch schwachen Erwachsenen werden, weil es ihnen an wesentlicher Grundlage gemangelt hat. Wir werden unseren eigenen Verlust, den wir erfahren haben, nicht wiedergutmachen können, aber in dem Wissen, was dieser bedeutet, können wir dafür sorgen, dass diejenigen, die jetzt und in Zukunft auf die Welt kommen, diesen nicht erleben, sondern wirklich geboren werden.

Psychische Widerstandskraft entsteht in wesentlicher Umgebung. Wenn wir gesund werden wollen, haben wir für wesentliche Bedingungen zu sorgen. Jeder Einzelne von uns kann – und muss – einen Beitrag leisten, um die Welt ein Stück gesunder zu machen, indem er selbst gesund wird und gesund zu handeln beginnt. Nicht im Großen, sondern im Kleinen. Nicht im vielen, sondern im Wesentlichen. Damit stärken wir am Ende nicht nur die Welt, sondern auch uns selbst, die, die wir in dieser Welt leben.

12-Punkte-Selbsttest: Wie resilient bin ich?

Bitte nehmen Sie sich ein wenig Zeit und beantworten Sie die folgenden Fragen. Seien Sie dabei unbedingt ehrlich zu sich! Addieren Sie am Ende die erreichten Punkte.

1. Glauben Sie an sich?
2. Würden Sie sagen, dass Sie ein hohes Selbstwertgefühl haben?
3. Sind Sie in einem Elternhaus aufgewachsen, in dem Sie in Ihrem Wesen erkannt und angenommen worden sind?
4. Stehen Sie in den sechs zentralen Lebensbereichen[1] mit sich und Ihrem Umfeld im Dialog?
5. Besitzen Sie eigene Werte, nach denen Sie handeln und die Ihrem Leben einen Sinn geben?
6. Sind Sie dazu in der Lage, Ablehnung nicht persönlich zu nehmen und ihr auf Augenhöhe zu begegnen?
7. Leben Sie ein authentisches Leben, das heißt ein Leben, das Ihnen in Ihrem Wesen entspricht?
8. Sind Sie dazu in der Lage, Ihren Schwächen auf Augenhöhe zu begegnen?
9. Sind Sie dazu in der Lage, jeder Person und Situation auf Augenhöhe zu begegnen?
10. Sind Sie dazu in der Lage, Ja zu sagen, wenn Sie Ja meinen, und Nein, wenn Sie Nein meinen?
11. Besitzen Sie ein stabiles soziales Umfeld, in dem Sie sich, so, wie Sie sind, sicher und angenommen fühlen?
12. Sind Sie mit Ihren Gefühlen im Dialog oder werden Sie davon »überschwemmt«?

[1] Diese sind: Beruf, Gesundheit, Individualität/Hobbys, Familie/Partnerschaft, soziale Kontakte, Glaube/Spiritualität

Stimme überhaupt nicht zu (0 Punkte)	Stimme eher zu (1 Punkt)	Stimme teilweise zu (2 Punkte)	Stimme eher zu (3 Punkte)	Stimme völlig zu (4 Punkte)

Auswertung

0–16 Punkte

Ihre Haut könnte dicker sein. Zu oft fühlen Sie sich von Ihren Mitmenschen persönlich angegriffen und geben sich die Schuld für Dinge, für die Sie objektiv gesehen gar nichts können. Dadurch fühlen Sie sich schwach und alleingelassen. Sie haben zwar ein gutes Bild von dem Menschen, der Sie sein möchten, schaffen es aber oft nicht, tatsächlich auch Ihrem Wesen gemäß zu handeln. Zweifel an sich selbst und an Ihrer Umwelt begleiten Sie regelmäßig und hindern Sie daran, ein Leben zu leben, das Ihrer wahren Identität entspricht.

Mein Rat an Sie: Beginnen Sie, sich und der Welt auf Augenhöhe zu begegnen. Lassen Sie sich nicht länger von Ihren Gefühlen beherrschen, sondern lernen Sie, diese zu verstehen und für sich zu nutzen. Handeln Sie aus Überzeugung heraus und stehen Sie zu dem, der Sie sind – mit Ihren Stärken und Schwächen. Seien Sie bereit, an sich zu arbeiten, ohne sich dafür zu verurteilen. Ihr Selbstbewusstsein wird es Ihnen danken!

17–32 Punkte

Sie besitzen ein gutes inneres Gleichgewicht. Meist gelingt es Ihnen leicht, der zu sein, der Sie sind. Größere Schicksalsschläge und einschneidende Ereignisse können Sie in der Regel gut verarbeiten, und Ihnen gelingt es, Verletzungen heilend und auf Augenhöhe zu begegnen. Sie stehen sich aber manchmal auch selbst im Weg, und zwar in den Bereichen, denen Sie in diesem Test weniger Punkte zugeschrieben haben.

Mein Rat an Sie: Überlegen Sie, woran das liegen könnte. Gehen Sie in sich und versuchen Sie zu verstehen, was Sie daran hindert, in diesen Bereichen wirklich der zu sein, der Sie sein möchten. Wo und wann verlieren Sie die Augenhöhe? Wie sieht es mit der Augenhöhe gegenüber den eigenen Schwächen aus? Wie gehen Sie mit Grenzen um – und warum fällt es Ihnen manchmal schwer loszulassen? Sie werden erkennen, dass es fast immer Sie selbst sind, der Ihnen im Weg steht.

33–48 Punkte
Sie sind das, was man als einen »geerdeten Menschen« bezeichnen könnte. Sie wissen ziemlich genau, wer Sie sind und was Sie auf dieser Welt wollen, und stehen mit sich selbst und Ihren Mitmenschen in einem gesunden Dialog. Für Ihre Freunde und Kollegen sind Sie ein verlässlicher Partner, der aufgrund seiner Integrität und seiner Art zu überzeugen sehr geschätzt wird. Sie können eine Menge einstecken, ohne dass Sie daran zerbrechen, und sind meist problemlos dazu in der Lage, sich neuen Situationen anzupassen.

Mein Rat an Sie: Im Prinzip sollten Sie so bleiben, wie Sie sind. Sie sollten aber bedenken, dass Resilienz kein statischer, sondern ein lebenslanger Prozess ist, für dessen Erhalt Sie zu sorgen haben. Versuchen Sie zu ergründen, was Sie in den Bereichen, in denen Sie nicht voll punkten konnten, daran hindert, sich selbst diesbezüglich zu verwirklichen, und überprüfen Sie, in welchen Situationen Ihnen der Dialog auf Augenhöhe noch nicht gelingt.

Register

WERDE, WER DU BIST!

Stehen Sie an einem Wendepunkt in Ihrem Leben? Möchten Sie sich persönlich weiterentwickeln?

- Einzelcoaching
- Seminare und Seminarreisen
- Seminare für Führungskräfte
- Vorträge
- Ausbildung

Die Autorin hält regelmäßig in ganz Deutschland, Österreich und der Schweiz Vorträge, Seminare und Workshops zu den Themen Resilienz, Burnout und Persönlichkeitsentwicklung. Sie bildet zum Burnout-Coach nach dem Dialogprinzip aus, bietet Einzelcoaching für Privatpersonen in ihrer Praxis in Hamburg an und coacht Führungskräfte und Teams in Unternehmen.

Weitere Informationen finden Sie unter **mirriampriess.de.**

STIFTUNG DIALOG STARK!

UNSER ZIEL

Junge Menschen dabei zu unterstützen, sich zu dialogfähigen Persönlichkeiten zu entwickeln – das ist die Aufgabe der Stiftung.

In einer Zeit, in der psychische Erkrankungen zunehmen und wir erst reagieren, wenn Krankheit bereits da ist, möchte Dialogstark! ein rechtzeitiges Bewusstsein für die eigene mentale Gesundheit vermitteln. Wir wollen ein neues Selbstverständnis fördern, dass seelische Stärke ebenso entscheidend für die Gesundheit ist, wie die körperliche Stärke.

Dabei vertreten wir einen spezifischen Ansatz: Unsere Gesundheit wird maßgeblich durch gelingende Beziehung und ein authentisches Leben bestimmt.

dialogstark.org